LE COMTE

DE

VERMANDOIS

HISTOIRE DU TEMPS DE LOUIS XIV

— 1683 —

PAR

PAUL LACROIX

(BIBLIOPHILE JACOB)

7

PARIS

ALEXANDRE CADOT, ÉDITEUR

37, rue Serpente.

1856

LE COMTE DE VERMANDOIS

Ouvrages de Xavier de Montépin.

Les Filles de Plâtre . . . . 7 vol.
L'Idiot. . . . . 5 vol.
Perle (la) du Palais-Royal. . . . . 3 vol.
Les Valets de Cœur. . . . . 3 vol.
Sœur Suzanne. . . . . 4 vol.
Un Gentilhomme de grand chemin . . . 5 vol.
Geneviève Gaillot. . . . . 2 vol.
Les Chevaliers du lansquenet. . . . . . 10 vol.
Pivoine. . . . . 2 vol.
Mignonne . . . . 3 vol.
Les Amours d'un Fou (épuisé). . . . . . 4 vol.
Les Viveurs de Paris . . . . 13 vol.
Brelan de Dames. . . . . 4 vol.
Le Loup Noir . . . . 2 vol.
Les Viveurs d'autrefois . . . . 4 vol.
Confessions d'un Bohême. . . . . 5 vol.
Vicomte (le) Raphaël . . . . 5 vol.
Les Oiseaux de nuit. . . . . 5 vol.

Ouvrages de G. de la Landelle.

Les deux Routes de la Vie . . . . 4 vol.
L'Eau et le Feu. . . . . 2 vol.
L'Honneur de la Famille. . . . . 2 vol.
Le Château de Noirac. . . . . 2 vol.
Les Princes d'Ebène. . . . . 5 vol.
Falkar-le-Rouge. . . . . 5 vol.
Une Haine à bord. . . . . 2 vol.
Le Morne aux Serpents. . . . . 2 vol.
Les Iles de Glace. . . . . 4 vol.
La Gorgonne . . . . 6 vol.

Fontainebleau, imprimerie de E. Jacquin.

LE COMTE

DE

VERMANDOIS

HISTOIRE DU TEMPS DE LOUIS XIV

— 1683 —

PAR

PAUL LACROIX

(BIBLIOPHILE JACOB)

7

PARIS

ALEXANDRE CADOT, ÉDITEUR

37, rue Serpente.

—

1856

VI

Le tribunal du roi.

C'était Louis XVI, en effet, qui, con-
trairement à toutes ses habitudes, venait
en personne voir le Dauphin dans son
propre appartement et jusque dans sa
chambre à coucher.

Dès que le roi avait paru, sans s'être fait annoncer, il y avait eu un tel trouble, une telle surprise parmi les officiers et les domestiques du prince, que personne n'avait osé l'aller prévenir.

Chacun était resté muet, immobile, stupéfié sur le passage du roi, qui continuait d'avancer d'un pas délibéré à travers les salons et sans autre suite que son premier capitaine des gardes, M. le duc de Noailles.

Le Dauphin accourut à la rencontre de son père jusque sur le seuil de sa chambre; mais il fut obligé de se retirer en arrière, parce que le roi entra brusquement et referma la porte derrière lui en laissant dehors M. de Noailles.

Louis XIV croyait être seul avec le prince, il avait le visage sombre et refrogné, le regard sévère et le geste impatient.

Le Dauphin restait, devant lui, la tête basse et l'air contrit.

La Raisin que son audace naturelle n'avait point abandonnée dans cette situation délicate et dangereuse, s'était cachée dans les rideaux du lit et se promettait de ne rien perdre de l'entretien que le roi aurait avec le Dauphin.

—Eh bien ! monsieur, vous n'êtes point encore habillé ? dit le roi, qui ne demandait qu'à répandre sa mauvaise humeur sur tout le monde et sur toute chose.

— Sire, Votre Majesté ne m'a pas envoyé d'ordre à cet égard ! répondit le Dauphin, qui regardait du coin de l'œil si la cachette de la Raisin était bien choisie. Votre Majesté sait que j'ai pris médecine et que je garde la chambre par ordonnance de Fagon...

— Chaque affaire en son temps, monsieur ; il est avéré que la rougeole n'existe nulle part à Meudon et vous pouvez cesser vos drogues. On a dû vous dire cela de ma part, en vous avertissant de vous rendre chez madame de Maintenon où nous aurons conseil.

—Sire, je n'ai vu personne ce matin, et il faut qu'on ait oublié de remplir les ordres de Votre Majesté.

— Or çà, monsieur, je voudrais bien voir que quelqu'un oubliât de remplir mes ordres ! Ce quelqu'un là passerait un mauvais moment. Mais ce n'est pas ce dont il s'agit, à cette heure : madame de Maintenon m'a fait mander que M. de Louvois, M. le chancelier et le père La Chaise étaient arrivés ; venez donc avec moi, pour montrer à tous que vous êtes toujours dans mes bonnes grâces et que je n'ai plus d'autre fils que vous.

— Je viendrai avec empressement... Mais je n'ai pas l'habit qu'il faut pour accompagner Votre Majesté en son conseil.

— Dépêchez, monsieur, car il ne faut point faire attendre madame de Maintenon, et vous devez être plus impatient que personne, en cette circonstance, puisqu'il s'agit de votre affaire... Savez-vous que je n'ai pas dormi de toute la nuit en y songeant?

— Votre Majesté n'est pas moins inté-

ressée que moi à ce qui touche mon honneur !....

Le Dauphin s'agitait, d'un air ahuri,
sans se décider à rien ! il n'osait appeler
un valet de service, et il était fort empêché
de trouver un habit dans sa chambre, où
il ne voulait pas que le roi restât seul.

— Que faites-vous à tourner ainsi, monsieur ? lui demanda Louis XIV.

Le roi s'était assis majestueusement
dans le plus grand fauteuil, placé au pied
du lit, devant la balustrade qui formait
la ruelle ou l'alcôve : il tournait ainsi le

dos à la Raisin, qui se divertissait de la
situation au lieu de s'en épouvanter, et
qui, par moments, allongeait la tête entre
les rideaux en faisant la moue au Dauphin
que cette espèce de bravade mettait hors
de lui.

Le prince tremblait que son père ne s'a-
perçût, au plus léger bruit, de la présence
d'un tiers ; et, pour occuper l'attention du
roi, il remuait les meubles, en piétinant et
en tracassant autour de la chambre.

La comédienne voyait ce manège et
s'en amusait davantage, malgré les signes,
impérieux et suppliants, que le Dauphin

lui adressait pour l'inviter à se tenir tranquille.

— Encore un coup, monsieur, êtes-
vous pris de vertige ? lui dit Louis XIV,
qui suivait des yeux tous les mouvents du
Dauphin. Vous ne pensez donc pas que le
roi vous attend ?

— Sire je vous conjure dé partir sans
moi !... répondit le prince dont l'émotion
allait croissant. Je vous aurai bientôt re-
joint...

— Non, monsieur, reprit le roi avec un
redoublement d'obstination. Je n'entends
pas que vous paraissiez seul, avant que

vous ayez eu justice de l'offense du comte
de Vermandois ; il ne faut pas qu'on puisse
supposer que je vous abandonne ou que je
néglige de maintenir, envers et contre
tous, les prérogatives de la Majesté
royale...

— Mais, Sire !... dit le Dauphin qui essaya d'un prétexte assez peu convenable
pour obtenir de ne point accompagner le
roi.

— Quoi ? Que voulez-vous dire par là ?
répliqua Louis XIV qui exigeait toujours
des explications catégoriques, et qui ne
daignait pas abaisser sa dignité jusqu'à
paraître comprendre à demi-mot, même

avec l'aide de la pantomine la plus expressive.

— Sire! murmura le prince qui rougissait d'être contraint de sortir des réticences, j'ai pris, suivant votre ordre, une furieuse médecine.

Cet aveu, dépouillé d'artifice, n'avait rien que de naturel et d'ordinaire à la cour de Louis XIV, où la pudeur du langage et de l'imagination n'atteignait pas encore ces menus détails de la vie privée.

Le roi ne se fut nullement étonné de l'objection singulière que le Dauphin ti-

rait de la casse et du séné que Fagon lui
avait fait prendre à haute dose, selon le
système de purgation préventive, adopté
par tout le monde à cette époque, et mis
en pratique par le roi lui même avec une
incroyable notoriété, car les jours de médecine du roi étaient réglés d'après les lois
de l'étiquette, comme les jours de chasse
et de dévotion.

Mais ce prétexte trivial, que le prince
avait inventé pour faire sortir le roi, parut
si plaisant à la Raisin, qu'elle ne put s'empêcher d'éclater de rire.

Elle essaya inutilement d'étouffer ce
rire inopportun en s'entortillant la tête

dans les rideaux et en se comprimant la
bouche avec les deux mains.

Mais elle ne pouvait vaincre la terrible
envie de rire dont elle était possédée, et
l'on entendait par intervalles ce ricane-
ment spasmodique qu'elle s'efforçait en
vain d'arrêter, et qui se trahissait par des
éclats intempestifs.

Louis XIV resta comme interdit de ce
qu'on avait osé rire en sa présence, avant
de savoir qui riait ainsi.

Le Dauphin, désespéré de la découverte
qui allait avoir lieu, demeurait abasourdi,
les yeux fixés sur le rideau qu'il voyait

s'agiter, et dont les plis accusaient les formes d'une personne cachée. Il eût voulu pouvoir s'enfoncer sous terre pour se dérober à la colère de Louis XIV.

— On a ri! s'écria le roi en se levant d'un bond et en brandissant sa canne ainsi qu'une épée. On rit encore!

— Sire! dit le Dauphin qui cherchait une excuse pour son propre compte ; il faut que quelqu'un se soit caché dans cette chambre.

— Assurément! reprit le roi, qui désignait l'endroit d'où partaient encore quelques murmures de rire. N'est-ce point un guet-à-pens?

— Votre Majesté est seule, sans gardes et sans suite... nous ferions mieux de nous en aller hors d'ici...

— Non, il n'y a point de danger ; car, m'est avis, les gens malintentionnés ne rient pas...

— Qui va là ? cria-t-il d'un accent impératif.

— Sire, Votre Majesté appelle? dit le duc de Noailles, qui accourut à la voix du roi.

— Monsieur de Noailles, voyez donc s'il n'y a pas quelqu'un derrière ce rideau ?

La Raisin n'attendit pas que le capitaine des gardes vînt la débusquer de sa cachette.

Elle en sortit d'elle-même et elle alla se jeter aux pieds du roi.

Louis XIV lança à son fils un coup d'œil foudroyant, après avoir examiné cette petite personne qui, tout agenouillée qu'elle était, ne se recommandait guère par la décence et l'honnêteté de son maintien. La comédienne se montrait à visage découvert.

— Quelle est cette femme? demanda d'un ton sévère Louis XIV, qui interrogeait du regard le Dauphin, tremblant devant lui.

— Sire, répondit le prince, à qui la présence d'esprit faisait défaut complétement : j'ignorais, je vous jure, que cette demoiselle...

— Monsieur! s'écria le roi avec emportement, auriez-vous des maîtresses?... Vivez-vous dans le libertinage comme M. de Vermandois?

— Sire, répondit le Dauphin, à qui le nom du comte de Vermandois suggéra

tout à coup un prétexte d'excuse, c'est
M. de Vermandois qui m'a fait intercéder
par cette demoiselle...

— Intercéder ? interrompit le roi, qui se
sentait porté à mettre le Dauphin hors de
cause, et qui ne cherchait qu'à faire re-
tomber son ressentiment sur le comte de
Vermandois. Pourquoi cette intercession ?

— Sire, je suis comédienne dans la
troupe des comédiens ordinaires de Votre
Majesté, répondit la Raisin, que l'aspect
de Louis XIV n'avait pas frappée de stu-
peur et qui conservait toutes les ressources
de son esprit. Votre Majesté a daigné
m'applaudir de ses mains royales...

— Je ne sais qui vous êtes, comédienne
ou intrigante, et je veux connaître ce que
vous venez faire dans un de mes palais, et
qui plus est dans l'appartement de M. le
Dauphin...

— Sire, je n'ai pas fait de mal ! répondit
la comédienne, qui commençait à s'inquié-
ter de la colère qu'elle voyait briller dans
les yeux du roi. Je suis Fanchon Pitel,
femme Raisin, et j'ai eu l'honneur de jouer
souvent avec mon mari, en présence de
Votre Majesté...

— Ce n'est pas la question, s'il vous
plaît ! reprit Louis XIV en frappant sur le
plancher avec sa canne. Je prétends sa-

voir ce que vous faisiez ici, quand je suis
arrivé ?

— Sire, cette demoiselle est entrée céans
malgré moi! dit le Dauphin, qui empêcha
la comédienne de répondre et qui lui fit
signe de se taire; elle y est restée aussi à
mon insu. Elle venait présenter une sup-
plique pour des protestants...

— J'entends, dit le roi : ce sont des
protestants du Dauphiné, au sort desquels
M. de Vermandois s'intéresse. Il y a un
certain comte de Chantemerle.

— Oui, sire, répliqua la Raisin, qui ju-

gea que l'occasion était bonne pour se faire
bien venir du roi.

— Taisez-vous, madame, interrompit
Louis XIV, et laissez parler le Dauphin, en
attendant qu'on vous interpelle à votre
tour.

— C'est, en effet, un certain comte de
Chantemerle!... dit le Dauphin, qui n'hésita pas à rejeter tous les torts sur le comte
de Vermandois. La Raisin, qui est une fille
prudente, n'a pas fait cette démarche sans
y être poussée...

— Par M. de Vermandois, sans doute ?
demanda vivement le roi. Je vois que M. de

Vermandois a fort à cœur la grâce du comte de Chantemerle.

— C'est lui qui a déterminé la pauvre Raisin à s'en venir solliciter cette grâce, et, à la fois, celle des Templiers.

— La grâce des Templiers! répéta Louis XIV indigné. Il faut avoir perdu toute vergogne! La grâce des Templiers! Mais ce sont des libertins, des joueurs, des ivrognes, des athées, des infâmes!

— On m'a pourtant assuré, reprit le Dauphin, qui se rappela que son favori, le chevalier de Lorraine, pourrait être compris dans un nouveau procès des Tem-

pliers, oui, on m'a bien assuré que ces
gens-là n'étaient que des fous.

— M. de Vermandois a trempé dans les
horreurs de ces Templiers, repartit brusquement la Raisin, et M. le chevalier de Lorraine lui a enseigné cette belle doctrine!
Ces Templiers sont la plupart de joyeux
compagnons, qui comptent parmi les meil-
leurs sujets du roi, et qui n'ont pas d'autre
vice que d'aimer la bouteille plus que de
raison!...

— Comment! s'écria Louis XIV, éten-
dant les mains en avant comme pour re-
pousser avec horreur la comédienne; cette
vilaine a l'audace de faire devant nous

l'éloge des Templiers? Ne serait-elle pas
aussi de cette académie de débauche?

— Sire, je ne sais qui elle est !... dit le
Dauphin, qui essayait en vain d'imposer
silence à Fanchon. Je la vois aujourd'hui
pour la première fois.

— Pour la première fois! murmura la
Raisin, qui ne se résignait pas à être re-
niée en face ; monseigneur, regardez-moi
un peu, s'il vous plaît !

— Emmenez cette fille! interrompit
Louis XIV en s'adressant au duc de Noailles ; elle est bien dangereuse, et je la crois
capable des plus méchants tours.

— Je ne défends pas les Templiers s'ils
ont mal agi, ajouta la Raisin, résistant au
duc de Noailles qui exécutait l'ordre du
roi. M. le chevalier de Lorraine se portera
garant pour tous, n'est-ce pas, monseigneur?

— C'est une abominable dame d'intri-
gues, dit le roi au Dauphin. Est-il possible
que vous, monsieur, vous vous commet-
tiez avec de pareilles créatures! ce serait
à faire à M. de Vermandois. Mais vous! le
Dauphin de France! vous, mon fils!...

— Sire, elle a pénétré ici sans que j'aie
été prévenu, dit le Dauphin en baissant
la voix, et elle y est restée sans doute pour

surprendre ce que vous alliez dire au sujet
de M. de Vermandois.

— En vérité ! répliqua le roi, que cette
réflexion parut préoccuper, mais dans quel
intérêt? quel était le but de son espion-
nage? M. de Vermandois a-t-il quelque ac-
cointance coupable avec cette chevalière
d'industrie?

— Je n'en jurerais pas !... dit le Dauphin qui avait hâte d'échapper au regard
inquisiteur de son père. M. de Vermandois
avait des maîtresses, et ces femmes de
théâtre sont de redoutables sirènes...

— Monsieur le duc ! cria Louis XIV en

rouvrant la porte par laquelle le maréchal de Noailles venait de sortir avec la Raisin. Cette fille est une débauchée, et j'entends qu'elle soit punie. On l'enfermera donc aux Madelonnettes ou aux Filles-Repenties!

On entendait les cris, les sanglots et les plaintes de Fanchon, que le duc de Noailles avait remise entre les mains des gardes.

Le Dauphin, que ne retenait plus dans sa chambre la crainte d'y laisser la Raisin en présence du roi, obtint la permission d'aller achever sa toiletté, pendant que le duc de Noailles tiendrait compagnie au roi, avant d'accompagner le roi chez madame de Maintenon.

— Je vous accorde dix minutes, lui dit Louis XIV en le congédiant : je suis fâché que vous n'ayez pas vu ce matin votre confesseur : il vous eût préparé à notre conférence d'État.

Le Dauphin avait du remords au sujet de la Raisin, et pendant qu'on l'habillait à la hâte, il poussait de gros soupirs, en pensant que sa maîtresse était conduite par l'ordre du roi au couvent des Madelonnettes ou dans la maison des Filles-Repenties ; il se promettait bien de l'en faire sortir le plus tôt possible ; mais il ne se dissimulait pas que l'ordre du roi serait peut-être un obstacle difficile à surmonter.

Le chevalier de Lorraine, qui avait ses entrées libres dans l'appartement du Dauphin, arriva sur ces entrefaites.

Il était radieux, et il semblait impatient de s'entretenir avec le prince, qui alla au-devant de son désir, en faisant retirer les valets de chambre.

— Gardez-vous bien de vous montrer, chevalier ! lui dit le Dauphin : le roi est là, dans ma chambre, qui semble fort mécontent contre vous, et qui ne parle de rien moins que de vous faire brûler avec tous vos Templiers.

— On ne brûlera personne, monsei-

gneur, répondit gaîment le chevalier de
Lorraine, et vous pouvez vous faire Templier, si vous êtes curieux de boire et de
jouer ! Voici que je vais rentrer en grâce
et que l'on a besoin de mes services...

— Vos services, mon cher chevalier,
me viendront bien à point : cette malheureuse Raisin s'en va aux Madelonnettes !

— Aux Madelonnettes ! répéta le chevalier, en éclatant de rire. Oh ! la bonne
aubaine pour les Madelonnettes !

— Ne riez pas si fort, car le roi n'est

pas loin et pourrait nous entendre. Oui,
chevalier, elle est aux Madelonnettes,
cette infortunée Fanchon, à moins qu'elle
ne soit aux Filles-Repenties ! Mais nous
ne l'y laisserons pas longtemps, si faire
se peut.

— Le cas est divertissant, et j'estime
que la Raisin n'y sera point enfermée
pour la première ni pour la dernière fois
de sa vie. On a voulu la tenir à distance
de son mari, qui est encore au For-l'Évê-
que. Mais ce n'est pas vous, monseigneur,
qui les avez mis tous deux en chartre
privée, pour leur apprendre à se marier
sans votre agrément ?

— Fi donc ! je suis aise, au contraire,

qu'ils se soient mariés, pour vous garantir de la médisance; mais je suis fâché que Fanchon aille aux Madelonnettes!... C'est le roi qui l'y envoie... Nous reparlerons de cela, et vous verrez à la tirer habilement de ce mauvais pas.

— Je m'y engage, monseigneur, et la chose me sera facile, d'autant que je suis dans les bonnes grâces de M. de Louvois; qui m'a fait prier de venir le trouver au sortir du conseil. Quel est ce conseil extraordinaire qui doit se tenir chez madame de Maintenon?

Le Dauphin ne pouvait continuer cet entretien : le délai de dix minutes qui lui

avait été accordé pour sa toilette, était
passé. Louis XIV, perdant patience, frap-
pait de sa canne le parquet, qui retentis-
sait aussi sous son talon rouge.

Le duc de Noailles alla, par l'ordre du
roi, heurter à la porte de la pièce où était
le Dauphin, qui n'eut que le temps de
prendre rendez-vous avec le chevalier de
Lorraine, pour le soir même.

Le Dauphin se hâta de rejoindre le roi,
qui lui adressa quelques reproches sur sa
lenteur et sa paresse, après quoi ils s'en
allèrent ensemble,par les grands appartements, jusqu'à l'appartement de madame
de Maintenon.

La visite matinale de Louis XIV chez le Dauphin, la longue conférence qu'ils avaient eue tous deux, l'aventure encore mal connue de la Raisin, le conseil extraordinaire qui s'assemblait chez madame de Maintenon, toutes ces circonstances avaient produit à la cour une sourde agitation.

Mille bruits, mille rumeurs circulaient parmi les habitants du château, toujours prêts à commenter et à interpréter les moindres paroles, les moindres démarches, les moindres apparences.

On ignorait absolument ce qui s'était passé à Fontainebleau entre le Dauphin et le comte de Vermandois ; mais on disait que le marquis de Louvois et madame de Maintenon avaient eu, [la veille, en présence du roi, une vive altercation qui devait amener inévitablement la chute du ministre.

Personne, cependant, ne savait quelle avait été l'origine ou la cause de cette altercation, dans laquelle on ne soupçonnait pas que le comte de Vermandois pût être intéressé.

Mais la cour, qui, à cette époque, était sans cesse occupée à forger des nouvelles, attribuait à de graves raisons d'État la réunion de ce conseil extraordinaire, dans lequel les seuls ministres convoqués étaient Louvois et son père, Michel Le Tellier.

On ne connaissait pas encore les personnages qui devaient figurer dans cette assemblée secrète, dont madame de Maintenon serait l'âme.

On racontait seulement qu'il était question de prendre des mesures de rigueur contre les protestants qui se soulevaient en Languedoc, à l'exemple de ceux du Dauphiné, et qui s'agitaient souterrainement par toute la France.

On parlait déjà de la révocation de l'édit de Nantes, laquelle existait dès-lors

en projet, mais qui ne devint un fait ac—
compli que deux ans plus tard.

Lorsque le roi et le Dauphin arrivèrent
chez madame de Maintenon, les trois personnes qui avaient été mandées s'y trou-
vaient déjà réunies.

C'étaient Louvois, Le Tellier, le père
La Chaise.

Le silence le plus absolu régnait dans
la chambre, où étaient assises ces trois
personnes, qui ne remuaient pas plus que
des cadavres dans un tombeau, et qui n'é—
changeaient entre elles que des regards
discrets.

Madame de Maintenon semblait être la présidente de ce sénat d'ombres immobiles. Elle était, comme à l'ordinaire, ensevelie sous ses coiffes, d'où elle lançait, par moments, un éclair parti de ses yeux verts, qui ne rayonnaient que dans les ténèbres, comme ceux des oiseaux de nuit.

Pour se faire une contenance, elle tenait ouvert un livre de prières qu'elle feignait de lire.

Son amie et sa confidente, madame la marquise de Monchevreuil, n'était pas, cette fois, blottie dans la ruelle du lit : on l'avait reléguée au fond d'un cabinet voisin, où elle ne pouvait rien entendre, mais où elle se trouvait là toujours à la disposition de madame de Maintenon.

La chambre semblait plus sombre encore que d'habitude.

Aucune clarté de jour ne filtrait entre les rideaux des fenêtres hermétiquement fermées, mais deux tisons qui brûlaient dans la cheminée, derrière un large paravent de tapisserie, envoyaient çà et là des lueurs errantes qui se reflétaieut sur le plafond et sur les murs, en diminuant l'obscurité de l'espèce de crépuscule, au milieu duquel se plaisait à vivre la dame du lieu, semblable à une sibylle préparant ses oracles.

Il faisait une chaleur étouffante dans cette chambre, dont l'air n'était jamais renouvelé, sinon pendant la visite du roi qui aimait le grand air autant que madame de Maintenon le détestait et le craignait.

Aussi, dès que Louis XIV entra, quelle que fût sa préoccupation au sujet de l'importante affaire d'État qu'on allait traiter dans le conseil, il se dirigea d'abord vers les croisées, qu'il ouvrit de sa propre main, après avoir tiré les rideaux.

Madame de Maintenon, en murmurant contre la lumière qui avait envahi tout à coup son appartement, se couvrit le visage avec un mouchoir, quoiqu'elle tour-

nât le dos aux fenêtres et qu'elle fut abri-
tée par le vaste dossier du fauteuil où elle
était assise, vis-à-vis du fauteuil du roi, qui
regardait le jour en face.

La position fixe et invariable des deux
fauteuils avait peut-être été choisie à dessein, pour que madame de Maintenon pût
suivre toutes les impressions qui se mani-
festaient sur le visage de Louis XIV, sans
qu'elle laissât deviner les siennes.

La favorite ne bougea pas à l'arrivée du
roi, qui la salua deux fois avec beaucoup
de déférence avant de s'asseoir devant
elle.

Les trois autres assistants s'étaient levés et attendaient, pour se rasseoir, un
signe ou une parole de Sa Majesté.

Louvois, portant sous le bras un sac de
velours rouge dans lequel étaient ses papiers, avait l'abord plus lugubre, plus
hargneux, plus hautain, plus impatient
qu'à l'ordinaire. Sa physionomie rébarbative ne faisait pas trop bien augurer de
sa disposition d'esprit. Il lançait parfois
à madame de Maintenon des regards de
dogue enragé.

Les deux vieillards, qui avaient pris
place à ses côtés. Le chancelier Michel
Letellier et le Père La Chaise, confesseur

du roi, offraient l'un et l'autre un con-
traste avec la grimace sinistre et mena-
çante du ministre de la guerre.

Le père La Chaise et Michel Le Tellier
étaient octogénaires ; le second avait
même atteint sa quatre-vingt–troisième
année, et la vieillesse, qui efface les aspé-
rités du jeune âge, et qui fait disparaître
sous les rides le cachet des passions, ré-
pandait une sorte de majesté calme et
avenante sur leurs traits décrépits.

Il y avait de la douceur, de la bonté
même, dans leur regard, dans leur sourire, à travers lequel on distinguait encore
la finesse du jésuite et de l'homme d'Etat.

Michel Le Tellier avait été habile et profond politique, élevé à l'école du cardinal Mazarin ; il savait toujours, sans faire semblant d'exercer une influence et un pouvoir, substituer ses propres idées aux idées du roi, et le diriger à son insu.

Le père La Chaise ne cherchait pas à dominer Louis XIV, mais il le dominait presque constamment par la seule puissance de la robe qu'il portait.

Néanmoins, il était si peu jaloux des priviléges de sa charge de confesseur du roi, qu'il avait voulu plus d'une fois se retirer dans sa maison de campagne du Mont-Louis, pour donner tout le temps

de ses dernières années à son jardin, à sa
collection de médailles et à ses volières.

Louis XIV avait fait asseoir à sa droite
le Dauphin, en face de madame de Maintenon.

Les trois autres membres du conseil extraordinaire étaient rangés sur une même
ligne, devant une table couverte d'un tapis vert, sur lequel Louvois déposa son
sac de ministre; le chancelier, la boîte
qui contenait les sceaux, et le confesseur,
son bréviaire.

— Messieurs, dit le roi en ouvrant la
séance, vous ignorez encore le motif con-

sidérable qui m'a fait vous appeler en
conseil ; avant que de vous en entretenir,
j'exigerai de vous le serment de ne jamais
révéler à personne au monde le secret
d'État, duquel nous allons nous occuper.

— A quoi bon un serment? reprit brutalement Louvois, en haussant les épaules.
Est-ce que tout ce qui touche au gouvernement du royaume n'est pas secret d'État
et nous appartient autrement qu'à titre
provisoire de dépôt sacré et inviolable?

— Il est des secrets d'Etat, monsieur,
qui sont plus sérieux que d'autres, dit le
roi avec une impatience contenue ; il en

est qui intéressent l'honneur de la majesté royale.

— Vous verrez, Sire, que M. le marquis de Louvois aura raison contre vous! interrompit madame de Maintenon avec aigreur. M. de Louvois ne reconnaît pas d'autorité supérieure à la sienne et ne veut pas même céder au roi qui ordonne...

— Je n'ordonne point ici, madame, interrompit Louis XIV : je demande un serment aux personnes que j'ai jugées dignes d'entendre ce secret. Que celles qui craindraient de m'engager leur parole s'en aillent et livrent la place à d'autres !

— Sire! reprit le chancelier qui, pour donner l'exemple de la soumission à son fils récalcitrant, étendit la main et prêta le serment qu'exigeait le roi : par mon salut éternel et sur l'honneur de Votre Majesté, je jure de ne pas divulguer ce qui va se dire dans cette séance du conseil.

— Au nom du Père, du Fils et du Saint-Esprit! dit le père La Chaise en levant la main au ciel : je m'engage à tenir secret tout ce que j'entendrai et tout ce qui sera fait dans ladite séance.

— Sire, vous avez ma foi! s'écria Louvois à son tour, avec un geste de dépit. Je n'ai jamais prononcé une seule parole légère, qui pût nuire à Votre Majesté ou à son gouvernement. Je m'engage, sur l'honneur, à ne pas agir autrement que j'ai toujours agi dans l'intérêt du roi et de la France.

— Bien, messieurs, repartit le roi avec satisfaction en se tournant du côté du Dauphin. Nous pouvons à présent parler ensemble comme s'il n'y avait qu'un seul homme. Madame la marquise de Maintenon connaît déjà la chose ; M. le Dauphin est le premier intéressé...

— Sire ! dit Louvois en ouvrant son sac, d'où il tira des papiers, plaît-il à Votre Majesté d'avoir d'abord sous les yeux tous

les documents qu'elle m'a demandés hier
soir, concernant M. le comte de Vermandois?

— Volontiers! répondit le roi, obéissant
au signe d'adhésion que madame de Maintenon avait fait en inclinant la tête. C'est
M. de Vermandois qui en est cause, et il
est plus équitable, plus politique, d'être
édifié préliminairement sur ses faits et
gestes.

— Je vais analyser sommairement les
pièces, reprit Louvois, et notamment celles
que M. le lieutenant de police m'a fait parvenir ce matin. Je crois cependant utile
de diviser ces renseignements, selon l'or-

dre des actes coupables qui sont imputés
à M. de Vermandois.

— Monsieur de Louvois, dit Louis XIV
qui s'effraya de cette espèce de procédure
rétrospective dirigée contre son fils, peut-
être ne faut-il pas remonter aux anciens
méfaits de M. de Vermandois, puisque je
les lui ai pardonnés et qu'il est rentré en
grâce ?

— Ce ne sont pas des chefs d'accusation
contre lui, répondit le ministre, mais de
simples renseignements pour nous éclairer sur son compte. Il suffira de rappeler
que M. le comte de Vermandois fut exilé
de la cour et envoyé au château de Com-

piègne, puis au château de Fontainebleau, pour avoir commis de détestables débauches dans une académie de Templiers, où il y eut un enfant mutilé indignement...

— Vous savez, monsieur, interrompit le roi, que feu M. Colbert, à son lit de mort, m'a fait remettre une lettre dans laquelle il proteste...

— Les protestations de M. Colbert ne valent rien contre l'évidence des faits ! s'écria Louvois, en frappant du poing sur la table. A ces protestations, j'opposerai les miennes, et si l'on veut remonter aux sources et aux preuves, je me fais fort de démontrer la culpabililé...

— Passons, monsieur, dit le roi ému d'un sentiment de justice et de pitié. M. Colbert est mort, et ce qui est fait est fait !

— On pourrait s'en tenir, objecta timidement le chancelier, aux nouveaux avis de M. le lieutenant de police, qui est un homme sage et prudent !

— Il ressort de cet avis, dit Louvois avec dureté, que M. de Vermandois, qui avait été convaincu d'athéisme, d'ivrognerie, de libertinage, il y a dix mois, est resté depuis ce qu'il était alors, athée, ivrogne, libertin, blasphémateur...

— Oh! messieurs, s'écria le roi indigné, si j'avais entendu un blasphème sortir de sa bouche, je lui aurais fait percer la langue avec un fer rouge!

— La vérité est que M. de Vermandois, ajouta froidement madame de Maintenon, a toujours été et sera toujours un méchant sujet.

— Je laisse en arrière, continua Louvois, tout ce qui est antérieur à la première disgrâce de M. de Vermandois. Je constate seulement que, durant cette disgrâce, dès que M. de Monchevreuil, son gouverneur, était à la cour ou en voyage, il venait, lui, secrètement, à Paris, pour y faire la débauche avec ses amis les Templiers. J'ai eu, sur ce point, la déclaration formelle de certains Templiers qui se sont repentis et qui rentrent dans la bonne voie; ils disent que M. de Vermandois était un des plus fougueux dans l'orgie qui eut lieu la nuit du 16 au 17 août, au cabaret de la rue de Jouy, quoiqu'on ne l'ait point saisi et reconnu parmi ses compagnons de bouteille...

— Il est convenu lui-même qu'il y était, répliqua le roi, qui se souvenait de la démarche que madame de La Vallière avait faite auprès de lui, pour justifier son fils; mais il s'en excusait, disant y avoir été entraîné et n'avoir commis aucun péché en cette circonstance...

— J'admettrai qu'il n'a bu ni mangé, ni joué, ni blasphémé cette nuit-là, puisque Votre Majesté s'est payée de ses excuses ; mais qu'a-t-il fait cette même nuit, Sire, si nous devons prendre à la lettre les notes de M. le lieutenant de police ?

— Qu'a-t-il fait? demanda madame de Maintenon, intriguée. N'était-il pas, cette nuit-là, avec son premier valet de chambre, nommé Moufle, qui le suivait partout où il y avait du mal à faire, et qui a été enfin, ces jours-ci, arrêté dans une académie de Templiers ?

— Justement, répondit Louvois, et cette nuit-là, ledit Moufle a enlevé une fille de qualité!

— Est-il vrai ! s'écria le roi avec indignation ; un valet de chambre de M. de Vermandois a enlevé une fille, et qui, plus est, une fille de qualité ! Mais il faut qu'il soit pendu, ce mauvais garçon ! oui pendu, et il le sera.

— Votre Majesté, dit madame de Maintenon, l'a déjà cassé de sa charge de premier valet de chambre.

— Ce n'est pas là une punition pour un crime de rapt, reprit le roi. Mais quel est cet enlèvement ? quelle est cette fille ?

— L'enlèvement a eu lieu au couvent de

l'Ave-Maria, répondit le ministre ; la fille se nomme mademoiselle de Chantemerle.

— Mademoiselle de Chantemerle ? demanda le roi ; le père de cette fille est présentement dans notre château de la Bastille, attendant l'exécution de l'arrêt qui le condamne à la peine de mort pour crime de rébellion à main armée.

— L'arrêt a été rendu par contumace, objecta Michel Le Tellier ; il ne saurait donc être exécuté avant un nouveau jugement...

— Les jugements du commissaire extraordinaire du roi en Dauphiné sont sans

appel, monsieur le chancelier! repartit
brutalement Louvois. Au reste, ce que
nous savons de cet enlèvement ne s'appuie
que sur des conjectures, et l'on atten-
dra, pour en savoir davantage, que la fille
enlevée soit en prison comme son ravisseur.

— Quoi! dit le roi avec humeur, depuis
plus de deux mois que ce rapt audacieux
s'est fait, on n'a pas encore découvert le
lieu où se cache cette fille! Ma police est
donc bien négligemment faite, et M. de
la Reynie perd beaucoup de son zèle en
vieillissant.

— Votre police, au contraire, est admirablement faite, répliqua Louvois, et M. de la Reynie est un homme incomparable; c'est lui qui a découvert que le premier valet de chambre de M. de Vermandois avait acheté une maison de plaisance dans la forêt de Fontainebleau; c'est lui qui a constaté que cette maison, aujourd'hui déserte, avait été habitée par des femmes, et meublée aux dépens de l'appartement de M. de Vermandois...

— C'est inconcevable! murmurait le roi. Et l'on n'a pas fait le procès à ce Moufle, comme voleur, ravisseur...

— Sire, dit à demi-voix madame de Maintenon, j'avais été informée de l'achat

de cette maison des bois, et je me suis
pressée de donner l'éveil là-dessus à M. le
lieutenant de police. Il paraîtrait que la
demoiselle de Chantemerle demeurait en
ladite maison, et que M. de Vermandois y
venait la nuit pour participer à de mons-
trueuses orgies.

— On y a trouvé la table mise et les
restes d'un souper, ajouta Louvois, avec
bien d'autres pièces de conviction.

— Ce Moufle est le dernier des hommes !
dit le roi ; mais, à en juger par les apparences, il n'aurait pas enlevé cette fille
pour son compte ?

— Voilà où nous en viendrons, Sire, reprit le ministre avec un affreux sourire, dès que la fille sera entre nos mains.

— Et cette fille est protestante? dit le roi, en levant les yeux au plafond. Je ne m'étonne plus si M. de Vermandois avait si fort à cœur l'impunité des protestants! N'a-t-il pas osé m'intercéder en faveur du comte de Chantemerle?

— Le malheureux aurait donc abjuré, répliqua madame de Maintenon, et se serait fait huguenot! Quelle honte! quel scandale!

— Vous l'entendez, monsieur! dit

Louis XIV, en s'adressant au Dauphin.
Tout s'explique maintenant. Le misérable
était athée, et il est devenu huguenot.

— J'ai peine à croire cela, repartit le
Père La Chaise : M. de Vermandois a pour
directeur de conscience un prêtre fort es-
timable.

— Nous l'avons remercié, interrompit
madame de Maintenon ; c'était une créa-
ture de M. Colbert, c'était une langue em-
poisonnée qui dénigrait le roi. Sa Majesté
a congédié M. l'abbé Cornouaille, qui n'é-
tait, d'ailleurs, auprès du prince qu'à titre
provisoire, comme suppléant du vénérable
abbé Gofas.... Cet abbé Cornouaille était,

je vous assure, un homme bien dangereux...

— Dangereux? reprit le confesseur du
roi. Vous devez le savoir, puisque vous le
dites ; mais, en tout cas, M. le vicaire de
Saint-Eustache était incapable d'enseigner
l'hérésie à son pénitent.

— Messieurs, dit Louis XIV, si le comte
de Vermandois est coupable d'apostasie,
s'il s'est fait huguenot, je renonce à user
du droit de clémence à son égard : je ferai
amende honorable d'avoir donné le jour
à un huguenot, moi le roi Très Chrétien !

— Toujours est-il, Sire, dit Louvois en

secouant ses papiers, que nous appren-
drons bientôt les horribles excès du comte
de Vermandois, qui est bien le plus grand
débauché de ce royaume. Vous verrez
que c'est lui qui a fait enlever mademoiselle de Chantemerle ?

— Je suis impitoyable pour le crime de
rapt, s'écria le roi, surtout quand la victime est une fille de qualité ! mais cette
fille, étant une hérétique, a peut-être suivi
son ravisseur de bonne volonté et sans
qu'il usât de violence ou de séduction...

Aussi bien, M. de Vermandois avait-il
plus d'une maîtresse, l'effronté, et j'ai fait
arrêter une d'elles aujourd'hui même...

— Sire, ne faudrait-il pas en venir à présent au point capital? interrompit le Dauphin, qui s'empressa de changer le tour que prenait la discussion, et qui ne laissa pas au roi le temps de parler de la Raisin. Votre Majesté, ajouta-t-il, me permet-elle d'exposer au Conseil l'objet pour lequel on l'a réuni? Nous sommes tous édifiés désormais sur le compte de M. de Vermandois, et ce qu'on peut en dire de moins sévère, c'est qu'il a dépassé démesurément les fougues et les ardeurs de son âge.

— La conclusion de l'enquête ouverte au sujet de Son Altesse Royale, répondit le chancelier, ne lui a pas été, en somme, trop favorable.

— Je regrette toutefois, dit le père La Chaise, que M. l'abbé Cornouaille n'ait pas été invité à fournir son opinion là-dessus.

— A quoi bon ? repartit amèrement madame de Maintenon. M. l'abbé Cornouaille a été attaché à la personne de M. de Vermandois depuis quelques semaines seulement ; il peut ignorer tous les déportements du prince, qui s'est caché de lui, sans doute.

— Oui, reprit le jésuite avec bonhomie, mais Son Altesse Royale a bien été forcée de se montrer, en confession, telle qu'elle est...

— En confession ? répliqua madame de Maintenon. La chose serait possible encore, si M. de Vermandois se confessait!

— M. de Vermandois ne se confesse pas! s'écria le père La Chaise stupéfait et attristé. Mais il est donc vraiment huguenot!

— Eh! que disais-je autre chose? repartit vivement le roi. Quiconque ne se confesse pas est un hérétique renforcé! Or, madame de Maintenon a su, de science certaine, que M. de Vermandois ne s'était pas confessé une seule fois à M. l'abbé Cornouaille...

— Voilà un fait monstrueux, murmura
le père La Chaise. M. l'abbé Cornouaille
mériterait d'être censuré par notre Saint-
Père le pape !...

— Eh bien ! interrompit sans façon
Louvois, revenant au secret d'État que le
roi leur avait annoncé, monseigneur, ne
voudriez-vous pas nous faire savoir quelle
est la criminelle action que M. de Vermandois aurait encore commise et qu'il
s'agit d'apprécier suivant les lois divines
et humaines.

Il se fit un silence solennel dans l'assemblée.

Tous les assistants s'entreregardaient et prêtaient l'oreille.

Le Dauphin attendait l'invitation du roi pour prendre la parole : celui-ci eut un scrupule, et, remarquant que la fenêtre était toute grande ouverte vis-à-vis de lui, il se leva pour aller la pousser et il revint s'asseoir.

Madame de Maintenon leva les yeux vers la ruelle de son lit et resta un moment attentive au bruit qui s'était fait dans ses cabinets.

Elle avait cru entendre des pas, et même

un soupir ; mais elle se rassura, en pensant que ce ne pouvait être que la marquise
de Monchevréuil.

— Messieurs ! dit le roi, qui avait compris que le Dauphin devait s'abstenir et
se taire dans une question toute person-
nelle : j'ai voulu vous consulter sur un
des faits les plus graves, les plus énormes,
qui se soient produits depuis le commencement de mon règne. Je vous ai appelés
comme des juges souverains pour décider
absolument sur une offense que la majesté
royale a reçue, et dont elle réclame justice. Voici la chose en peu de mots : M. de
Vermandois, possédé sans doute du malin
esprit, s'est emporté d'une odieuse ma-

nière contre M. le Dauphin, qui sera mon
légitime successeur, et qui, dès maintenant, porte en lui le caractère sacré d'un
roi.

— Quelle offense ? demanda brusquement Louvois, dont l'esprit actif et péné-
trant avait déjà deviné le fait à travers les
circonlocutions que Louis XIV employait
pour ménager à la fois son amour-propre
et celui du Dauphin.

— Un soufflet ! répondit le roi, avec un
geste de vengeance.

Tous les assistants accueillirent cette

triste révélation par des signes muets d'é-
tonnement et de douleur. Louvois, indigné, martela de son poing la table au
tapis vert; le chancelier frappa ses mains
l'une contre l'autre, et le père La Chaise
fit le signe de croix.

— Je suis roi, je suis père, dit Louis XIV,
en recueillant à chaque phrase et presque
à chaque mot l'approbation tacite de madame de Maintenon. C'est le roi qui doit
ici dominer le père. M. de Vermandois est
mon fils, sans doute; mais le Dauphin,
qui est aussi mon fils, et à plus juste titre,
est de plus mon héritier. L'offense qu'il a
reçue s'adresse donc à la couronne de
France et à moi-même. Je viens vous de-

mander, messieurs, de me conseiller dans cette cruelle et difficile alternative : il s'agit de venger l'offensé et de punir l'offenseur. Vous, madame, ajouta-t-il en parlant à madame de Maintenon, vous qui prenez autant d'intérêt que moi-même à ma gloire, ne voulez-vous pas me donner la première un avis, car votre grand esprit s'illumine des inspirations qui viennent du ciel?

— Sire, M. de Vermandois ne trouvera certes personne qui l'excuse, répondit madame de Maintenon. Son action est abominable et vraiment criminelle; c'est, en quelque sorte un crime de lèse-majesté, c'est un cas de haute rébellion, c'est un attentat contre la monarchie.

— Et vous, monsieur de Louvois, que pensez-vous de cette action et comment, à votre sens, faut-il la récompenser ?

— Madame la marquise a qualifié la chose comme il faut, reprit avec rudesse Louvois, quand elle a dit que c'était proprement un crime de lèse-majesté au premier chef; or un pareil crime, quel que soit le coupable, entraîne la peine de mort.

Cette espèce de sentence, prononcée d'une voix éclatante, fut suivie d'un instant de silence, pendant lequel l'auditoire resta indécis et anxieux.

On entendait du côté de la ruelle le bruit d'une respiration sifflante et entrecoupée.

Tous les assistants étaient trop occupés de ce qui se passait dans la chambre, pour prendre garde aux rumeurs vagues et aux légers bruits du dehors.

— Je ne réclame pas la mort de M. le comte de Vermandois! dit le Dauphin en simulant une générosité et un oubli des injures qu'il n'avait pas au fond du cœur. Je voudrais seulement que l'offense qu'on m'a faite fût tellement effacée, qu'on ne pût jamais en voir la trace, si jamais, ce que je ne souhaite pas, la Providence m'imposait la charge d'une couronne.

— Ces sentiments font honneur à votre magnanimité, monseigneur, dit Louvois; mais quiconque porte la main sur la personne royale est parricide et régicide ; le Dauphin de France, sous le règne de son auguste père, fait partie vivante et intégrale de la royauté. M. de Vermandois a mérité la mort, suivant les lois fondamentales du royaume. Or donc, j'opine pour la mort !

Un nouveau silence, plein d'émotion et de trouble, répondit seul à cet arrêt, qui semblait partir du tribunal d'un juge inflexible.

On entendit alors, toujours du côté de la ruelle, un cri étouffé, un gémissement plaintif et la chute d'un corps sur le plancher.

— D'où vient ce bruit ? s'écria le roi, dont l'attention s'était portée aussitôt vers ces indices non équivoques de la présence d'une personne étrangère à la réunion. Qui se plaint de la sorte ? Quelqu'un n'a-t-il pas poussé un cri ?

— Il n'y a pas là de quoi nous distraire,

reprit madame de Maintenon, qui avait écouté aussi ; c'est madame la marquise de Monchevreuil qui tracasse dans mes garde-robes et qui aura fait tomber quelque meuble. Continuons, s'il vous plaît.

—Sire, je vous adjure de faire exécuter la loi ! repartit Louvois, qui semblait s'acharner davantage à la perte du malheureux prince. M. de Vermandois est votre fils, sans doute, ou plutôt vous l'avez légitimé de France, ce que vous ne feriez pas maintenant, si la chose était à refaire ; mais M. de Vermandois est et sera, malgré tout, un exécrable prince, gangrené de tous les vices, capable de tous les forfaits...

— Oh! vous allez trop loin, monsieur
de Louvois! interrompit Louis XIV; M. de
Vermandois est un imprudent, un libertin, un débauché...

— Un blasphémateur et quasi un hérétique, ajouta madame de Maintenon. Que
deviendrions-nous, bon Dieu! si l'hérésie
se logeait dans la famille royale, comme
dans un fort! Il n'est que trop assuré que
M. de Vermandois conspire avec les huguenots.

— Ne pourrait-on pas, dit le père La
Chaise, l'obliger à faire pénitence, le
cloîtrer dans un couvent, l'envoyer à
Rome?

— Non, non, répliqua Louvois avec plus de vivacité. L'envoyât-on à Siam ou au Congo, il en reviendrait, ou du moins il pourrait en revenir, pour mettre la discorde dans l'État, fomenter la guerre civile, prêcher la rébellion, favoriser l'hérésie.

— Quel malheur pour un grand roi, dit Louis XIV tristement, que d'avoir un fils indigne de lui !

— Que Votre Majesté me permette, ajouta Louvois, de supposer un moment ce qui n'arrivera pas, Dieu merci ! Monseigneur le Dauphin règne, et, près de lui, en face de lui, un prince, que possède le démon du mal, se pose en rebelle, en

ennemi forcené contre son auguste frère,
qu'il veut faire descendre du trône. Il
osait l'outrager, le frapper naguères, et
maintenant, enhardi par l'impunité, il
l'assassinera... Oui, Sire, c'est l'histoire
de Caïn et d'Abel ; il y aura du sang entre les deux frères, si vous laissez vivre
Caïn !...

— Vous êtes bien impitoyable, monsieur de Louvois ! murmura Louis XIV en
cherchant à connaître le sentiment de
madame de Maintenon, mais visiblement
impressionné par le farouche plaidoyer
de Louvois. Il y a du vrai pourtant dans
ce que vous dites, monsieur !

— Quand un arbre est reconnu mauvais, il faut le couper dans sa racine, continua le terrible ministre. Mais examinons les choses plus tranquillement après ce qui s'est passé, il n'est plus possible que monseigneur se rencontre en face avec l'audacieux qui l'a offensé...

— Si M. de Vermandois ose reparaître à la cour, dit sournoisement le Dauphin, je quitterai la place pour toujours!

— M. de Vermandois pourrait faire amende honorable, proposa le chancelier ; la cérémonie aurait lieu dans une église ; le délinquant tiendrait à la main un cierge allumé du poids de deux livres ; il serait à genoux devant monseigneur...

— Ce sont là des vieilleries du temps
passé, répliqua le roi ; il ne faut pas hu-
milier un prince du sang vis-à-vis de la
foule, et surtout il ne faut pas qu'on sache
quelle a été l'offense, en voyant quel est le
châtiment.

— Il y a des princes du sang qui furent
autrefois condamnés, repartit Louvois en
redoublant d'acharnement ; j'en citerais
plusieurs qui ont péri sur l'échafaud, et
qui n'avaient pas commis un si grand
méfait que celui de M. de Vermandois.
Sous le règne de Votre Majesté, le prince
de Rohan n'a-t-il pas été décapité en
place de Grève, pour crime de conspiration
et de haute trahison ?

— Monsieur! monsieur! interrompit Louis XIV, vous faites fausse route : M. le chevalier de Rohan n'était pas prince du sang royal.

— En outre, ajouta madame de Maintenon, abondant aussitôt dans le sens du roi, M. le chevalier de Rohan était huguenot.

— Je demande seulement, dit le Dauphin, que M. de Vermandois soit à toujours exilé du royaume et dépouillé de tous ses titres, droits et priviléges de prince légitimé de France.

— Ce serait nous contenter de peu,

monseigneur, répondit Louvois; je demande que M. de Vermandois ait la tête tranchée.

— Je demande, dit le chancelier, que M. de Vermandois, qui est au siége de Courtrai, soit mis au poste le plus périlleux, afin que le ciel décide de sa vie ou de sa mort. Dans le cas où il échapperait à cette épreuve, j'entends qu'il fasse tout ce qu'il faudra pour obtenir son pardon...

— Moi, Sire, je demande qu'on en réfère à Sa Sainteté, dit le père La Chaise : la pénitence doit être réglée selon le péché.

— Ah ! si ce n'était pas mon fils ! s'é-
cria Louis XIV, dont la perplexité ne faisait que s'accroître.

— Nous serions tous délivrés d'un
grave souci, dit madame de Maintenon, si
l'on venait tout à l'heure nous apprendre
que M. de Vermandois est mort...

— Tué d'un coup de canon, ajouta le
Dauphin, quoiqu'il ne soit pas digne de
faire une si belle fin.

— Ou plutôt mort subitement à table,
reprit madame de Maintenon, à la suite
d'une débauche et en état de péché mor-
tel...

— Non, répliqua le roi, non, je ne voudrais pas, quel que puisse être mon ressentiment contre lui, je ne voudrais pas qu'il mourût damné !

— Sans doute, il vaut mieux qu'il meure en état de grâces, dit madame de Maintenon, après s'être réconcilié avec Dieu et l'Église.

— Laissons faire à la Providence, messieurs, dit le roi ; elle sait mieux que nous dénouer les affaires les plus embrouillées. M. de Vermandois a commis un acte de lèse-majesté, c'est un point établi ; cet acte est un crime capital, et M. de Vermandois devrait avoir la tête tranchée ; mais n'oublions pas, messieurs, quel est le rang, quelle est la naissance du coupable...

— Voilà particulièrement où est le mal, interrompit Louvois, M. de Vermandois se croit prince du sang à pareil titre que M. le Dauphin !

— C'est un grand péril dans un État, ajouta le chancelier, que deux jeunes princes, fils de roi, naturellement rivaux ou ennemis, aient à peu près le même âge, l'un destiné à la couronne par la primogéniture, l'autre condamné probablement à voir se former entre le trône et lui une race royale.

— L'antagonisme, la rivalité, existent déjà, quand ce sont deux frères du même lit ! reprit Louis XIV, redevenant pensif. Que sera-ce donc ici, où le fils légitimé de France prétend s'élever contre le Dauphin ? Si Monsieur avait eu le caractère indomptable de M. de Vermandois, il m'eût fallu le briser, que sais-je ? l'enfermer dans une prison d'État.

— Voyez, Sire, objecta le chancelier, les maux infinis que la rebellion de Monsieur, frère du roi, a causés au royaume sous le précédent règne.

— Je ne régnerai pas, s'il plaît à Dieu, dit perfidement le Dauphin ; car M. de

Vermandois me causerait trop de chagrin!...

— M. de Vermandois, qui est plus d'à moitié huguenot, poursuivit madame de Maintenon, serait homme à recommencer les guerres civiles, par le fait de la religion prétendue réformée, en invoquant l'édit de Nantes?

— Cela ne sera pas, madame, si Dieu me prête vie! s'écria Louis XIV avec énergie. Ma volonté est désormais arrêtée et inébranlable. Voyons ce que la guerre nous apportera dans ses hasards. M. de Vermandois est à l'armée; il n'évitera pas, soyez-en sûr, les occasions d'exposer sa vie. C'est alors que le ciel fera son office, en décidant peut-être ce qu'il ne nous est pas donné de décider !... Si M. de Vermandois échappe aux dangers et revient sain et sauf, sans être tout à fait corrigé...

— Ah ! Sire, c'est là votre erreur, dit madame de Maintenon, que de croire qu'un tel homme se puisse corriger jamais.

— Votre Majesté ne se mettra en garde, grommela Louvois, que quand cet ennemi du bien public essaiera d'entreprendre contre elle !

— Qu'il ne s'y hasarde pas ! reprit vi-

vement le roi. J'ai confiance en la Providence, et sans faire des vœux pour que la
chose arrive, je reconnaîtrai la main de
Dieu, si M. de Vermandois trouve une
mort glorieuse à l'armée.

— Dans cette pensée, Sire, répliqua
madame de Maintenon, il serait chrétien
de lui envoyer un confesseur à la place de
l'abbé Cornouaille ?

— Mais à quel indice, Sire, verrons-
nous que M. de Vermandois est corrigé ?
demanda Louvois, qui ruminait quelque
chose.

— S'il fait de lui-même amende honorable, répondit le père La Chaise; si, au retour de l'armée, il s'en va se jeter dans les bras de monseigneur...

— Se jeter dans mes bras! dit le Dauphin avec un geste de mépris : fi donc ! Comme je le repousserais, ce méchant !

— Je pense si peu qu'il se corrigera jamais, reprit le roi en soupirant, que dès ce moment je m'accoutume à n'avoir plus un fils indigne ; je suis à son égard comme s'il était déjà mort !... Mais, sur ma parole royale, s'il revient de la campagne de Flandre, s'il est tel qu'il était à son départ, je le maudirai et le ferai enfermer dans une forteresse jusqu'à la fin de ses jours !

— Vous n'aurez pas cette peine, repartit tranquillement Louvois en ramassant ses papiers qu'il fit rentrer dans le sac de velours : M. de Vermandois mourra en soldat à l'assaut de Courtrai, ou bien en débauché dans une orgie !

[illegible]
[illegible]
[illegible]
[illegible]
[illegible]
[illegible]

VII

La clémence du roi.

Le Dauphin, au sortir du conseil extraordinaire, dont le résultat n'avait pas été
ce qu'il en espérait, se croisa dans la galerie de la Paix, avec le chevalier de Lorraine qui se rendait fièrement chez M. de
Louvois.

L'un marchait la tête haute, l'autre la tête basse ; l'un avait l'air joyeux, l'autre l'air sombre.

Le Dauphin, craignant de déplaire au roi, cherchait à éviter la rencontre du chevalier de Lorraine, dans un lieu où tous les regards de la cour pouvaient tomber sur lui ; mais le chevalier ne le laissa point passer, sans l'aborder presque familièrement.

— Eh bien ! monseigneur, qu'avez-vous fait là-dedans ? lui dit-il d'un ton délibéré. On répand bien des bruits...

— Chevalier ! interrompit le Dauphin,

qui voulut couper court à l'entretien ; je
vous invite fort à ne vous pas mêler des
affaires des protestants, non plus que de
celles des Templiers, car Sa Majesté semble plus animée que jamais contre eux ; si
la pauvre Fanchon n'avait pas tenté de
plaider leur cause, elle ne serait pas aux
Madelonnettes !

—Le bruit court que M. le comte de
Vermandois s'est fait protestant, comme
il s'était fait Templier, répondit le chevalier en haussant la voix. Nous le force-
rons peut-être à se faire moine !... Monseigneur !... ajouta-t-il en suivant le prince
qui s'éloignait et en l'examinant avec
malice : M. de Vermandois est à la guerre,
il faut empêcher qu'il en revienne ?

— Qu'y puis-je! murmura tristement le Dauphin, dans l'âme duquel ces paroles avaient remué le levain de la haine et de la vengeance.

— On peut tout ce qu'on veut, monseigneur, dit le chevalier de Lorraine à demi-voix. Rappelez-vous que M. de Vermandois s'était fait couronner roi de France chez les Templiers...

— Chevalier, j'ai foi dans votre amitié! répliqua le Dauphin, en lui serrant la main. M. de Vermandois est aujourd'hui en pleine disgrâce.

— Mieux vaudrait qu'il fût mort! repartit le chevalier avec un geste horrible.

Puis, il se rendit en sifflant avec insolence dans le cabinet du marquis de Louvois, qui l'avait fait appeler aussitôt après le conseil.

Il y eut entre eux une longue et secrète conférence.

Ils étaient assis en face l'un de l'autre et ils se parlaient si bas qu'on n'aurait pu saisir une seule de leurs paroles, en écoutant à la porte qui avait été soigneusement fermée au verrou en dedans.

Leur entretien achevé, Louvois se leva et alla se rasseoir devant son bureau pen-

dant que le chevalier qui semblait fort
content de lui-même et qui jetait par moments un coup d'œil atroce vers le ministre occupé à écrire, s'amusait d'un air
distrait à jouer avec des jetons d'argent
qu'il avait pris sur la cheminée. Quelquefois, tout en comptant et recomptant ces
jetons, il se regardait et il se souriait dans
une glace de Venise, comme s'il eût
échangé des signes d'intelligence avec un
autre personnage confident de ses pensées
intimes.

— Voilà qui est fait! lui dit Louvois,
après avoir travaillé pendant une demi-
heure. La lettre au maréchal d'Humières
suffira pour vous accréditer comme envoyé
particulier au camp de Courtrai, et l'on

ne trouvera plus rien d'étrange à votre
présence dans l'armée.

— Je vous assure, monsieur le marquis,
reprit gaîment le chevalier de Lorraine,
que j'aurai bientôt justifié ma présence
par la conduite que je tiendrai au champ
de bataille.

— Chevalier, n'allez pas vous faire
tuer par trop de bravoure! Ce ne serait
pas là remplir votre mission ?

— Par la mordieu on en a tué qui va-
laient mieux que moi, et dont la vie eût
été plus utile que la mienne! Cependant

je ferai en sorte de laisser les boulets et les balles faire leur chemin, sans que je les dérange en route. Vous avez des nouvelles du siége?

— La ville fut investie par le marquis de Boufflers, avant l'arrivée du maréchal; la tranchée a été ouverte à une demi-portée de mousquet. Il y a tout à parier que nous sommes déjà maîtres de la place, mais la citadelle sera plus difficile à prendre.

—Et M. de Vermandois n'était pas encore au quartier général? Je crains fort qu'il ne soit tué, lui, à la première affaire.

— Il serait tué que cela nous tirerait d'embarras. Cependant il ne faudrait pas qu'on pût avoir des doutes sur la nature de sa mort... Vous comprenez : une mort équivoque dans la tranchée le rendrait tout à coup un objet de pitié, et le roi ordonnerait peut-être une fâcheuse enquête. Je vous parle ainsi, sans voile et sans ambages, chevalier, afin que vous ne vous perdiez pas par excès de zèle !

— J'entends à demi-mot et je suivrai exactement la ligne que vous m'avez tracée. M. le maréchal d'Humières, grâce à cette lettre de votre main, ajouta-t-il en la lisant, n'aura nulle défiance et me donnera tous les moyens possibles d'approcher de la personne du prince.

— On m'avait dit pourtant, objecta le ministre, que l'amitié s'était bien refroidie entre vous et M. le comte de Vermandois; on racontait même que le prince avait manifesté l'intention de vous provoquer en duel, à cause de certains mots injurieux.

— Il m'a, en effet, invité à me couper la gorge avec lui, répondit en riant le chevalier de Lorraine; mais c'est une raison de plus pour que nous soyons tout à l'heure en parfait accord, comme naguère. Je sais de quelle manière rentrer dans ses bonnes grâces, et je me fais fort d'être, en moins de deux jours, redevenu son meilleur ami, son conseiller favori, son unique gouverneur. C'est là le point où je veux être pour mener promptement et à bonne fin l'expédition que vous m'avez si honnêtement confiée.

Louvois fit la grimace et bondit sur son fauteuil, ne sachant pas trop comment il devait prendre un remercîment qui ressemblait fort à une amère épigramme.

Mais il pensa qu'il s'était mis à la merci du chevalier de Lorraine, et il ne se fâcha pas, malgré les emportements ordinaires de son humeur.

Au contraire, il adoucit sa voix et son air, en congédiant le chevalier, qui avait en mains un redoutable secret d'État.

— Je vous recommande, lui dit-il, une extrême prudence; ne vous pressez pas, et choisissez bien votre jour et votre heure. Il n'est pas nécessaire que la chose se fasse le plus tôt possible; ce qui nous importe, c'est qu'elle soit faite avant la fin de la campagne.

— En ce cas, nous avons plus de six semaines à nous; il y en a trois de trop. Je suis trop fier, monseigneur, de la confiance que vous daignez m'accorder, pour ne vouloir pas m'en rendre digne.

— On ne trouverait pas, je l'avoue, répliqua le ministre, qui ne voulait pas être en reste de malice avec lui, on ne trouve-

rait pas beaucoup de personnes aussi propres que vous à faire ce qu'on attend de
votre merveilleuse adresse. Mais ne dépas-
sez pas les pouvoirs qu'on vous donne,
chevalier, je vous supplie ; n'ayez pas re-
cours à de détestables expédients, au poison, par exemple.

— Pour qui me prenez-vous, monseigneur, répliqua le chevalier avec une im-
pertinence froide et polie. Qu'est-ce qui se
sert du poison, bon Dieu ? De vieilles femmes rancunières, des héritiers impatients,
des filles innocentes. Dieu nous en garde,
monseigneur.

— Un enlèvement, c'est le plus habile

et le plus sûr; mais un enlèvement fait de main de maître, qu'on puisse mettre sur le compte des Espagnols...

— Ces pauvres Espagnols!... Vous pouvez vous en rapporter à mon imaginative, dès qu'il s'agit de vous prouver mon zèle, monseigneur.

— Vous en parlez comme si la chose me regardait personnellement! Je vous jure sur l'honneur que je n'ai d'autre intérêt là-dedans que le désir d'être utile au roi et à son royaume...

— Et agréable aussi à madame la marquise de Maintenon, monseigneur.

— Elle! murmura Louvois, dont les yeux s'enflammaient. Non, monsieur, vous vous abusez singulièrement! Je ne veux plaire à personne au monde, et ne fais que mon devoir.

— C'est bien là comme je l'entends, monseigneur. Au reste, si vous avez confiance en moi, n'ai-je pas de même confiance en vous?

— Qu'est-ce à dire? repartit Louvois qui se rembrunissait. Je ne vous comprends plus, chevalier.

— Vous ai-je demandé des instructions écrites? Votre parole me suffit, comme à vous la mienne, monseigneur...

— Assurément, et ma parole, je la tiendrai avant que vous m'ayez tenu la vôtre.

Il n'y aura pas de poursuites contre vos
amis les Templiers, et le procès commencé
en demeurera là. Le roi approuvera demain votre nomination à l'abbaye de Ti-
ron.

— Ce sera un chef-d'œuvre que de faire
revenir Sa Majesté de ses préjugés contre
moi ! Cette abbaye est d'un bon revenu ?

— Cinquante mille livres de rentes.
Quant à l'approbation du roi, vous l'ob-
tiendrez sans que Sa Majesté le sache, car
le roi ne vous aime guère...

— Comme si j'étais responsable de la
mort de cette infortunée madame Henriette
d'Angleterre !... Mais ce n'est pas tout ce
que je vous ai demandé ?.

— Votre frère, le chevalier d'Harcourt
aura l'abbaye de Royaumont, la plus
grosse abbaye qui soit vacante. Votre autre frère...

— Assez, monseigneur ; je n'entends
pas épuiser d'un seul coup toutes vos fa-
veurs. Il faut que je montre d'abord ce que
je sais faire. Mais vous ne m'avez pas
donné les ordres dont j'ai besoin pour mener mon prisonnier à sa destination ?

— Tout est dans ce pli : ordre aux gouverneurs de ville, aux capitaines et aux officiers des troupes royales, de vous prêter main-forte au besoin ; de vous laisser passer avec vos équipages ; de n'exiger de vous aucune explication écrite ni verbale ; puis, en dernier lieu, ordre au gouverneur du Mont-Saint-Michel de recevoir et de garder le prisonnier inconnu que vous remettrez en ses mains, au nom du roi...

— Vous m'avez fait maître d'un terrible secret ! s'écria le chevalier de Lorraine en ricanant et en se frottant les mains d'un air de satisfaction.

— C'est un secret qui doit mourir entre

vous et moi ! reprit Louvois qui le regarda
d'un œil fixe et perçant.

— Vous vous êtes mis de la sorte à ma
merci, monseigneur ? Ne craignez-vous
pas ?

— Chevalier ! interrompit froidement le
ministre, montrant du doigt les amas de
paperasses qui encombraient son bureau :
il y a là de quoi vous faire pendre dix fois
pour une, tout bon gentilhomme que vous
êtes !

— Ah ! monsieur le marquis, dit le chevalier de Lorraine en changeant de visage,

ne pendons personne, et laissons chacun comme il est.

— Et vous partez ce soir, monsieur le chevalier? demanda le ministre avec un sourire d'intelligence.

— Tout à l'instant, monseigneur, et vous aurez bientôt de mes nouvelles, par la mordieu !

Louis XIV était resté seul avec madame de Maintenon, après avoir congédié Louvois, le chancelier Michel Le Tellier et le père La Chaise.

Ce dernier, que l'objet mis en délibération dans le Conseil avait troublé et attristé, faisait une longue séance, pour se distraire et pour oublier, dans le Cabinet des curiosités et médailles du roi.

Le bon vieillard s'adonnait avec passion à la numismatique, et il eût, depuis longtemps abdiqué les pénibles et délicates fonctions de confesseur du roi, afin de se livrer entièrement à ses goûts de savant, s'il n'avait pas cru pouvoir rendre encore quelques services à la Compagnie de Jésus et à la religion catholique.

Il travaillait de toutes ses forces à la révocation de l'édit de Nantes. C'était là sa faiblesse : il détestait les huguenots autant qu'il aimait les médailles.

Il s'était donc installé devant une armoire ou *cabinet* d'ébène sculpté, qui contenait les moyens-bronzes des impératrices romaines, et il les examinait un à
un à la loupe, en échangeant de savantes
observations avec M. de Rainssant, garde
des médailles du roi.

Pendant qu'il était absorbé dans une
délicieuse contemplation, en approchant
de ses yeux affaiblis la fameuse pièce unique de Tiliana, femme de Pertinax, l'abbé
Cornouaille entra, conduit par un des clercs
de la Chapelle, qui se retira humblement
quand il eut averti le père La Chaise.

L'abbé Cornouaille avait le visage altéré, l'air abattu, la contenance indécise, la démarche timide; il paraissait en proie à une inquiétude dévorante.

Il ne conservait rien de cette mansuétude et de ce calme extérieurs, qui témoignaient naguère encore de la pieuse et paisible uniformité de sa vie ecclésiastique.

Ce ne fut pas sans un léger mouvement d'impatience que le vieux jésuite se vit arracher à l'étude de cette curieuse médaille qu'il tenait encore à la main, tandis que M. de Rainssant tendait la sienne pour réintégrer Titiana dans le tiroir, tant il est vrai que les numismates, tout confesseurs du roi qu'ils puissent être, sont gens à convoiter une médaille rare.

— Si c'était un autre que vous, mon

sieur l'abbé, dit avec aménité le père La Chaise au vicaire de Saint-Eustache je ne lui pardonnerais pas de me distraire dans un pareil moment.

— Mon révérend père, il s'agit de sauver la vie à deux chrétiens, répondit l'abbé dont la voix triste et mélodieuse allait à l'âme : je n'eusse point hésité à venir même vous interrompre au milieu de votre messe.

— La chose est moins sérieuse, reprit le jésuite en souriant : je donnais audience à un impératrice romaine.

— Titiana Flavia, une fort belle mé-daille ! ajouta M. de Rainssant, la main

toujours tendue pour la reprendre; c'est
M. Vaillant qui l'a rapportée d'Italie: elle
est à fleur de coin, et l'on n'en connaît
pas d'autre...

— Les médailles ne sont pas votre fait,
dit le père La Chaise, qui semblait avoir
peine à se dessaisir de cette médaille qu'il
lorgnait d'un œil d'envie. Celle-ci, je l'a-
voue, m'a déjà fait commettre plus d'une
fois le péché de convoitise, et j'aime à la
voir, à la toucher, à l'admirer...

— Mon révérend père, ce n'est pas sans
raison que j'ai compté sur l'estime que
vous vouliez bien m'accorder? interrompit l'abbé Cornouaille.

— J'ai appris avec un profond étonne-

ment la disgrâce dont vous avez été victime, mon cher abbé, et je me propose
d'en parler au roi en particulier. J'en par-
lerai aussi à madame de Maintenon, et j'espère bien réussir à vous faire rendre
votre pénitent... Hélas! il serait bien à
souhaiter que vous fussiez encore en ce
moment auprès du pauvre M. de Vermandois, qui est là-bas sans guide, sans conseil et sans confesseur!

— Certainement, mon révérend père, je
regrette qu'on m'ait si cruellement ôté la
direction de la conscience d'un prince,
que ses grandes qualités m'avaient déjà
fait apprécier à sa valeur; je le regrette
surtout à cause de la mission de confiance
que j'avais à remplir, au nom de sa sainte
et vénérable mère...

— Monsieur de Rainssant? dit le père La Chaise à ce savant, qui attendait toujours, la main tendue, la restitution de sa médaille : ce n'est point ici une affaire de numismatique, et vous pourriez, s'il vous plaît, nous laisser seuls quelques instants...

— Je comprends que je suis de trop ici, mon révérend père, répondit M. de Rainssant, mais je voudrais d'abord remettre à sa place cette impératrice, de peur qu'elle ne s'égare... Vous ignorez peut-être qu'un seigneur suédois avait formé le dessein de nous l'enlever?

— Cet enlèvement eût été plus fâcheux que celui d'Hélène! répliqua gaîment le vieillard qui donnait un dernier regard à Titiana Flavia. Ah! mon cher monsieur de Rainssant, veillez bien sur elle, et mettez-la du moins à l'abri des entreprises de ce seigneur suédois... Comment se fait-il, ajouta le père La Chaise en se tournant vers l'abbé Cornouaille, qu'un aussi habile homme que vous ne se mêle pas de numismatique?

— Je suis venu, mon révérend père, reprit vivement l'abbé, pour que vous me fissiez voir le roi!

— Ce n'est pas un bon moyen d'obtenir ce que vous demandez? reprit le confesseur du roi, qui se leva, emportant la médaille dans sa main et entraînant l'abbé vers une fenêtre devant laquelle il se mit à regarder encore machinalement Titiana Flavia. Vous avez tort de ne pas me laisser faire : je plaiderais bien mieux votre cause seul à seul avec Sa Majesté.

— Il n'est plus question de me faire réintégrer comme directeur de conscience auprès de Son Altesse royale ; j'ai écrit à madame la duchesse de La Vallière que je résignais les fonctions qu'elle m'avait prié d'accepter, presque malgré moi, et je suis retourné à ma paroisse de Saint-Eustache.

— Mon révérend père ! dit M. de Rainssant, qui avait suivi par derrière le confesseur du roi et qui le tirait doucement par la manche.

— De grâce monsieur de Rainssant, ne nous troublez pas ! s'écria le père La Chaise ; j'aurai fini dans un moment, et je serai tout à vous.

— Mais, mon révérend père, vous avez par mégarde conservé la médaille, et j'ai grandement à cœur de la remettre sous clé.

— Bon ! est-ce que votre seigneur suédois rôderait encore par ici ? Mais n'ayez pas de souci, je ferai bonne garde. Allez, en attendant, vérifier si vous avez dans vos tiroirs un moyen-bronze de Pupienus au revers de FIDES AUGUSTA.

— C'est un faux coin du quinzième

siècle ! s'écria le numismatiste qui prenait feu. La médaille n'a jamais existé et je le prouverai dans un mémoire…

— Monsieur de Rainssant, de grâce ! éloignez-vous un peu ! Nous avons à traiter d'une affaire trop sérieuse, pour nous occuper de cela.

— Je me fie à vous comme à moi-même ! dit le garde des médailles du roi, en se retirant à distance et surveillant de loin sa médaille. Mais, en vérité, si Titiana Flavia se perdait, je serais un homme déshonoré et n'aurais plus qu'à me pendre !

— Je vous conjure, mon révérend père, reprit l'abbé Cornouaille, qui avait saisi les deux bras du vieillard pour fixer son attention, je vous conjure de faire que je voie le roi aujourd'hui même, tout à l'heure, en votre présence, s'il se peut!

— Eh! mon ami, ce que vous réclamez de moi ne dépend guère de ma volonté. Je n'ai le pouvoir d'introduire personne chez le roi sans l'autorisation expresse de Sa Majesté ; d'ailleurs, le roi est encore chez madame de Maintenon.

— Vous m'avez promis, il y a longtemps, lorsque je n'étais pas encore dans les ordres, de me prêter vos bons offices en toute occasion...

— Vraiment! je m'en souviens, monsieur l'abbé : vous m'aviez offert une fort belle médaille en argent d'Eugenius, tyran dans les Gaules au quatrième siècle ! Je doute fort qu'elle soit dans le Cabinet du roi, et M. Carcavi m'a dit qu'elle était unique.

— Ah ! mon révérend père ayez pitié de deux pauvres hommes qui ont été condamnée dans les troubles des protestants du Dauphiné, et qui seront exécutés à mort, si le roi ne casse la sentence !

— J'espère bien que vous ne comptez pas sur moi pour que j'intervienne en faveur de quelque hérétique ! répliqua le père La Chaise avec inquiétude. Écoutez-moi, mon ami : il ne faut pas qu'un prêtre catholique, si recommandable qu'il puisse être, se compromette par des imprudences

qui fassent soupçonner sa religion. Aussi,
a-t-on rapporté au roi que vous étiez fort
tolérant à l'égard des huguenots ; on a
même prétendu que vous auriez des reproches à vous faire au sujet de la conduite religieuse de M. de Vermandois... Je
n'en sais rien, et je ne veux pas croire que
vous êtes autre que ce que vous devez être,
mais l'hérésie est si abominable, que c'est
un devoir de craindre et de fuir jusqu'à
son ombre qui n'est que deuil, amertume
et damnation !

Le père La Chaise avait fulminé cet ana-
thème contre l'hérésie avec tant de véhé-
mence et de conviction, qu'il oublia la pré-
cieuse médaille dont il ne voulait pas se
dessaisir, et qu'il la jeta sur le pavé de

marbre comme une chose inutile et sans valeur.

M. de Rainssant se précipita pour la ramasser, avant que le confesseur du roi se fût aperçu de sa distraction, qui lui causa autant de honte que de regret.

— Ah ! quel malheur ! dit le garde des médailles, en examinant celle que le père La Chaise avait traitée avec tant d'irrévérence ; l'impératrice Titianaen portera les marques !... mais non, Dieu soit loué ! il y a moins de mal que je ne pensais... Nous sommes toujours à fleur de coin.

— Mon révérend père, reprit l'abbé Cornouaille en insistant avec une noble et douce énergie, je plains les hérétiques et

fais des vœux pour qu'ils soient éclairés
d'un rayon de la grâce ; mais si je voyais
un hérétique en péril de mort, je me sa-
crifierais, sans hésiter pour lui sauver la
vie, car Dieu nous commande d'aimer
notre prochain comme nous-même, et il
n'a pas mis les hérétiques en dehors du
prochain, ce me semble. Cela dit, je vous
adjure de me faire parler au roi, afin que
je lui demande la grâce de mes deux protestants.

— Ce sera une démarche vaine et peut-
être dangereuse, monsieur l'abbé, répliqua tristement le père La Chaise. Le roi
s'est imposé la loi d'être inexorable envers
les protestants, et ce n'est pas moi qui vous
servirai à changer ses dispositions, que
j'approuve comme agréables à Dieu.

— Encore un coup, mon révérend père, je n'ai garde de me faire l'avocat et le défenseur de l'hérésie, que je blâme et condamne, ainsi que vous le faites ; mais je m'adresse à la clémence du roi pour faire commuer la peine de mort en celle de bannissement.

— Oh ! pourvu que vos protestants consentent à s'en aller hors de France, je vous y aiderai de tout mon cœur ! venez donc !

Le père La Chaise quitta le Cabinet des curiosités et des médailles, non sans donner un coup d'œil à Titiana, que M. de Rainssant lui présentait joyeusement, comme une victime arrachée du naufrage.

Il alla, suivi de l'abbé Cornouaille, se placer sur le passage du roi, dans un salon que Louis XIV était obligé de traverser pour rentrer dans ses appartements, en sortant de ceux de madame de Maintenon.

— Monsieur l'abbé, dit le confesseur du roi qui était devenu sérieux et pensif, je vous invite, dans l'intérêt de votre requête, que j'appuierai de mon mieux, à demander seulement que vos deux hérétiques soient exilés du royaume et n'y puissent jamais revenir...

— Le bannissement perpétuel est une dure nécessité ! murmura l'abbé Cornouaille en soupirant. L'un d'eux est un brave gentilhomme qui a des biens en Dauphiné et qui ne s'éloignera pas sans désespoir de la patrie de ses ancêtres.

— Il ferait donc mieux d'abjurer et de se convertir à la véritable religion. Là, monsieur l'abbé, travaillons ensemble à cette conversion...

— Excusez-moi, mon révérend père : je ne sais pas ce que c'est que de violenter les consciences. Je ne vous ai pas dit que le second de ces protestants est mon propre frère aîné ?

— Votre frère, bon Dieu ! s'écria le confesseur du roi en se signant ; vous êtes prêtre, vicaire d'une paroisse de Paris, et vous avez un frère protestant !

— Et qui plus est, ministre de la religion prétendue réformée, un digne et
saint homme, le pasteur Jérémie.

— C'est lui qui avait découvert ma belle
médaille d'Eugenius dans les bois de Saou?
Oui, je me rappelle qu'il vous avait écrit,
en vous envoyant la médaille; mais vous
ne me dîtes point alors que c'était votre
frère. N'a-t-il pas depuis trouvé d'autres
médailles du tyran Eugenius? Car ordi-
nairement, on rencontre au même endroit
plusieurs médailles semblables.

— Depuis quelques années, il a souffert
hélas! trop de persécutions, pour songer
aux médailles antiques!... Le gentilhomme
dont je sollicite la grâce, s'appelle le comte

de Chantemerle... Le roi n'a pas de sujet plus fidèle et plus dévoué !

— Il s'est bien fait connaître dans la rébellion des protestants du Dauphiné !... mais sa fille, qui était enfermée au couvent de l'Ave-Maria et qui en fut enlevée, dit-on, par un valet de chambre de M. de Vermandois, nommé Moufle...

— M. Moufle aurait enlevé mademoiselle de Chantemerle ! s'écria l'abbé Cornouaille, en restant pétrifié de surprise.

— On l'assure, du moins, et l'on dit que ce valet de chambre donnait les plus maumais conseils à son maître ; c'est pourquoi on l'a destitué de son office... Mais, puisque vous faites cette démarche en faveur de

M. de Chantemerle, vous devez savoir ce que sa fille est devenue ? Ce serait vous remettre dans les bonnes grâces du roi que de réintégrer à l'Ave-Maria mademoiselle de Chantemerle, pour qu'elle y soit convertie à la fois catholique et pour qu'elle expie ses fautes ensuite dans un couvent.

— Il y a beaucoup d'exagération, sinon de fausseté dans tout ce qui s'est dit de mademoiselle de Chantemerle, répondit avec un profond soupir l'abbé qui se rappelait la confession du comte de Vermandois. La vérité est que quelqu'un l'a mise en lieu sûr au sortir de l'Ave-Maria ; mais j'ai pleine assurance que personne n'a porté atteinte à la vertu de cette pauvre fille...

— Voici le roi! dit le père La Chaise, qui avait entendu les portes s'ouvrir.

— Il se leva pour aller à la rencontre du roi.

L'abbé Cornouaille le suivit, en le conjurant à demi-voix de hâter sa marche lente et pénible.

Le roi était distrait et préoccupé.

Il aurait passé outre sans voir son confesseur, si celui-ci ne se fut placé devant lui de manière à lui barrer le passage.

Le roi recula d'un pas en arrière, au moment de se heurter à cet obstacle vivant, et ce fut seulement alors qu'il reconnut le père La Chaise, qui lui présenta sur-le-champ l'abbé Cornouaille.

— Sire, lui dit le vieux jésuite avec bonhomie, je demande à Votre Majesté la permission de l'arrêter un instant pour lui recommander une personne que j'estime fort, et à laquelle je serais bien aise de faire plaisir...

— Je sais qui c'est ! répondit sèchement Louis XIV, dont le regard sévère et dédaigneux fit pâlir l'abbé. Mon révérend père, ajouta-t-il en s'adressant au père La Chaise, je ne souhaite rien tant que de vous être agréable, et je reconnais que vous ne m'en offrez guère l'occasion ; mais, ici, vous n'ignorez pas que je ne puis

rien et que M. l'abbé Cornouaille a été
remercié pour des causes graves... Madame la marquise de Maintenon vous
édifiera là-dessus amplement.

—Sire, je n'ai pas l'intention, dit humblement l'abbé, de réclamer à ce sujet
auprès de Votre Majesté.

— Et vous ferez bien, interrompit durement le roi, car si l'on vous demandait
compte de la négligence, pour ne pas dire
plus, que vous avez montrée dans l'accom-
plissement de vos devoirs... Que penserait
de vous, par exemple, madame la duchesse
de La Vallière, si elle apprenait que durant tout un mois, son fils ne s'est pas
même confessé?

— Il est vrai que je n'ai entendu, en confession, Son Altesse, qu'une seule fois...

— C'est peu pour un si grand pécheur, mais cependant, puisqu'il s'est confessé, j'en augure qu'il n'est point encore hérétique...

— Hérétique, Sire! M. le comte de Vermandois hérétique! Une telle calomnie se réfute d'elle-même.

— Ainsi vous m'assurez que M. de Vermandois ne sera point damné s'il vient à mourir à l'armée.

— Sire, il ne m'est pas donné de lire dans les arrêts de la Providence; mais je

puis vous certifier, comme je l'ai mandé à
sa vénérable mère, que M. de Vermandois
est un noble prince, plein de belles qualités, bon, généreux, humain, loyal, ma-
gnanime...

— Assez, monsieur! dit le roi avec dépit et impatience. M. de Vermandois est un
détestable personnage, qui ne vaudra jamais rien de bon et qui recevra tôt ou tard
son châtiment.

— Ah! Sire! s'écria l'abbé Cornouaille
avec émotion, oubliant l'objet principal
de sa démarche, pour prendre hautement
la défense du jeune prince calomnié. Votre
Majesté est indignement trompée; Votre
Majesté commet, à son insu, la plus cou-

pable de toutes les injustices, celle qu'un père peut exercer envers son enfant, celle qu'un grand roi fait tomber sur le plus digne de ses sujets !

— Vous êtes bien osé de me parler de la sorte ! répliqua Louis XIV avec une colère qui grandissait à chaque iustant. Je devrais, pour vous payer de vos conseils, de vos reproches, vous envoyer pourrir dans quelque forteresse !... Malheureux ! savez-vous ce que c'est que le roi ? savez-vous que je n'aurais qu'un signe à faire pour vous réduire en poussière ?

— Je vous conjure d'excuser cet imprudent ! dit le père La Chaise, qui s'épouvanta de la tempête que l'abbé Cornouaille avait soulevée contre lui. Le pauvre abbé n'avait pas l'intention de vous offenser, Sire!...

— Eh! qui donc, reprit en tremblant le vicaire de Saint-Eustache, qui donc prendra fait et cause pour ce déplorable prince qu'on condamne sans raison, si ce n'est la personne qu'on avait chargée de diriger sa conscience et de veiller sur sa conduite? Sire! Sire! quand s'élève vers vous une voix suppliante, je suis l'écho d'une pieuse mère qui m'avait confié son fils...

— Restons-en là, monsieur! dit le roi, qui se radoucit tout à coup. Le révérend père La Chaise aurait pu vous éclairer sur l'inutilité de vos tentatives. Le sort de M. de Vermandois est fixé désormais, et c'est à Dieu seul que vous devez adresser vos requêtes !...

Louis XIV fit un geste qui ne permettait pas de conserver l'espoir d'un pardon pour l'infortuné comte de Vermandois.

Puis, entraînant avec lui le père La Chaise, qui n'eut point essayé de lui tenir tête en face, il tourna le dos à l'abbé Cornouaille, et se remit en marche pour rentrer dans ses appartements.

— Sire ! la parole du roi est sacrée ! lui cria l'abbé, qui s'élançait pour le rejoindre, en écartant plusieurs gentilshommes de la suite du roi. Je ne réclame rien de

Votre Majesté, que l'exécution immédiate de cette ordonnance...

— Quel est ce chiffon? répondit Louis XIV, refusant de toucher le parchemin taché d'eau et de boue que lui présentait le vicaire de Saint-Eustache.

— Sire, c'est l'ordonnance d'amnistie des protestants du Dauphiné, avec la grâce de M. le comte de Chantemerle et de mon frère Jérémie.

— Je n'ai jamais signé cela! dit le roi avec surprise. On m'a parlé, en effet, de ces lettres de grâce, mais je nie qu'elles existent.

— Votre Majesté ne niera plus, quand

elle aura vu l'original que je lui rapporte,
et qui s'était égaré depuis la mort de
M. Colbert.

— Je reconnais mon seing, il est vrai !...
répondit Louis XIV avec embarras, après
avoir examiné, d'un air de défiance et de
dégoût, le parchemin en mauvais état,
revêtu néanmoins de tous les caractères
d'authenticité. Mais, ajouta-t-il en s'assom-
brissant, je ne reconnais pas cette pièce...
Je veux dire que M. Colbert me l'aura fait
signer sans que j'en susse la teneur !...

— Sire, quoi qu'il en soit, reprit le vicaire de Saint-Eustache avec assurance,
le comte de Chantemerle et le pasteur Jérémie sont désormais à l'abri de l'arrêt

qui les a condamnés par contumace, e
Votre Majesté les couvre l'un et l'autre de
l'égide de sa protection.

— Je ne croyais pas M. Colbert capable
d'une pareille ruse ! murmurait Louis XIV
en froissant le parchemin, qui ne portait
aucune trace de falsification. Et moi, qui
signais de confiance tout ce qu'il me priait
de signer !...

— Croyez-vous, Sire, que, devant le
Juge éternel, l'âme de M. Colbert ait à se
plaindre de ce qu'il a sauvé deux de ses
semblables ?

— Si ce n'étaient pas deux huguenots !
reprit le roi en cherchant avec opiniâtreté quelque détour pour échapper à l'é-

treinte de cette ordonnance. Ne me suis-je pas interdit absolument de faire grâce aux chefs de la rébellion du Dauphiné et du Languedoc?

— Ce qui importe, Sire, dit le père La Chaise, c'est que les hérétiques soient bannis de France, s'ils se refusent à se convertir!

— Il y a des faussaires si habiles! répliqua Louis XIV qui mit la pièce sous les yeux du père La Chaise. On avait bien imité l'écriture de madame de La Vallière!... Voyez donc, je vous prie, ce qu'il faut penser de cet acte qui a peut-être été fabriqué pour le besoin de la cause...

— C'est un original incontestable, répartit le confesseur du roi : les signatures, les sceaux et tout le contexte sont authentiques.

— Mais à coup sûr la pièce ne sort pas d'une chancellerie, et l'on croirait qu'elle a été ramassée dans un ruisseau.

— Sire ! il faut se hâter ! dit l'abbé Cornouaille, attristé et indigné de ces hésitations. C'est demain matin que les deux condamnés doivent être tirés de la Bastille et ramenés en Dauphiné pour l'exécution de la sentence.

— Cette ordonnance aura force de loi, répondit enfin Louis XIV ; mais, en faisant grâce aux coupables, je me suis réservé de les empêcher de nuire à mon peuple et à la religion : en conséquence, ils seront bannis de mon royaume à perpétuité.

— Rendez hommage, monsieur, dit le père La Chaise en s'adressant à l'abbé Cornouaille, rendez hommage à la clémence de Sa Majesté.

— Je ferai expédier, ce soir même, l'ordre de bannissement, ajouta le roi; vous, monsieur, tâchez de me récompenser d'une clémence que je blâme et regrette, je l'avoue, en obtenant la conversion de vos deux huguenots.

— Sire, répondit l'abbé, plein d'une amère tristesse : j'y travaillerai mieux et plus persévéramment, si j'accompagne hors de France les deux exilés.

— Mon père disait le roi à son confesseur, en s'éloignant avec lui, je compte
sur vous pour que madame de Maintenon
me le pardonne.

L'abbé Cornouaille demeurait immobile,
le cœur navré, les yeux humides de
larmes.

Le comte de Chantemerle et le vieux
Jérémie étaient sauvés! Mais Louis XIV
n'avait consenti à leur faire grâce de la
vie, que contraint et forcé, tant il éprou-
vait d'aversion et d'horreur pour les protestants.

Cette intolérance et cette dureté impres-
sionnèrent tellement le vertueux ecclé-

sistique, qu'il se demanda pour la première fois s'il ne devait pas se repentir d'avoir abjuré la religion dans laquelle il était né.

VII

La recherche.

L'abbé Cornouaille avait laissé hors du château, à l'entrée de l'Avenue de Paris, le carrosse dans lequel il était arrivé à Versailles.

Il s'acheminait lentement, la tête basse

et l'air pensif, vers l'endroit où ce carrosse
de louage l'attendait, lorsqu'il fut accosté
par une jeune-fille, qui le suivait depuis
la sortie du château, et qui s'était appro-
chée de lui plusieurs fois, sans oser lui
adresser la parole, pendant qu'il traversait
la Grande-Cour.

C'était Thérèse.

Venue à Versailles, dès le matin, avec
mademoiselle de Chantemerle et la Raisin,
elle était restée d'abord en observation aux
environs du château, mais, au bout de
plusieurs heures, ne voyant reparaître ni
l'une ni l'autre, elle avait pénétré dans
les cours et jusque dans les vestibules,
pour aller à la recherche de ses deux com-
pagnes de voyage,

Son costume conservant encore quelque chose de l'austérité de l'habit monasique, on l'avait prise pour une de ces religieuses qui venaient sans cesse solliciter, au nom de leur communauté, les bonnes grâces de madame de Maintenon.

On se donna donc garde de l'interroger et même de l'embarrasser par des regards indiscrets; on fit semblant de ne la pas remarquer, et on lui permit d'errer çà et là, en attendant, jusque sous les fenêtres des appartements du roi.

Tous les domestiques qui la voyaient passer se disaient entre eux, qu'elle était là par l'ordre de madame de Maintenon.

— Monsieur, dit-elle d'une voix trem-

blante à l'abbé Cornouaille, pardonnez-
moi si je viens de préférence vers vous,
qui ne me connaissez pas ; mais votre aspect seul m'y a encouragée, car vous devez être bon et serviable.

— Madame ! répondit l'abbé, qui ne regarda seulement pas Thérèse, et qui,
croyant qu'on lui demandait l'aumône, mit
aussitôt la main à la poche. Je regrette de
n'être pas plus riche...

— Monsieur, ce n'est pas là le service
que je vous demande ! reprit Thérèse,
avec timidité, en refusant la pièce de
monnaie que le prêtre voulait lui glisser
dans la main.

— Quel service, madame ? répliqua

l'abbé, qui leva les yeux vers elle pour la première fois et les baissa sur-le-champ, en rougissant de se trouver sur la voie publique en conférence avec une femme inconnue. Que voulez-vous de moi ? ajouta-t-il, essayant d'abréger et de rompre cet entretien qui l'effarouchait.

— C'est un secret, monsieur, et j'ai pensé, rien qu'à vous voir, que vous seriez bien aise de me tirer de la peine où je suis.

— Madame, vous vous méprenez assurément, interrompit l'abbé avec défiance et sérénité : je suis un homme d'Église...

— Vous êtes sans doute du château,

puisque vous en sortez? En tout cas, vous
avez la liberté d'y aller partout ?...

— C'est à regret, madame, que je prends
congé de vous ! reprit l'ecclésiastique qui
était bien décidé à se soustraire à cette
importunité. Je suis attendu à Paris pour
affaire urgente, et je ne saurais perdre
une minute de plus.

— Monsieur ! monsieur ! dit Thérèse,
avec l'accent, le geste de la prière : vous
ne m'abandonnerez pas dans un pareil
embarras...

— Eh ! que puis-je faire, madame pour
vous être utile ? demanda l'abbé Cornouaille, touché de la voix et de l'air sup-
pliant de cette jeune fille. Vous me suppo-

sez sans doute un crédit que je n'ai pas, car je ne suis point attaché à la cour.

— En deux mots, voici de dont il s'agit, monsieur. Je suis venue de Paris avec une amie... Cette demoiselle avait affaire au château pour certaine démarche très délicate; elle y est entrée depuis bien longtemps, et je ne l'ai pas revue depuis.

—· De grâce, madame, ne me retenez pas pour de telles particularités! dit vivement le vicaire de Saint-Eustache, qui se crut aux prises avec une intrigante. Ayez un peu plus de respect pour l'habit que je porte, et ne me faites pas mésuser d'un temps bien précieux...

— Au nom du ciel! monsieur, repartit

Thérèse, dont l'énergie et la résolution ne faisaient que s'accroître dans ce débat. J'ai tant à craindre pour la malheureuse demoiselle, qui s'est jetée peut-être dans un abîme par un noble et généreux mouvement de piété filiale !... Je tremble qu'elle ne se soit fait arrêter et qu'on ne l'ait de nouveau enfermée dans un couvent !... Je me suis opposée tant que j'ai pu à cette fatale démarche; mais on lui a persuadé qu'elle verrait monseigneur le Dauphin, et que ce prince aurait pitié d'elle.

— Je ne puis rien faire, je vous assure, pour vous ôter de souci à cet égard, répliqua l'abbé dont l'impatience éclatait. Je suis à Versailles pour la dernière fois de ma vie, et voici que j'en sors avec l'espoir de ne jamais rentrer dans ce château où vous serez mieux reçue que moi. Adieu, madame, je me souviendrai de vous dans mes prières : c'est l'unique service que vous pouvez attendre de moi.

— O mon Dieu ! s'écria Thérèse découragée, avec une explosion de larmes. Si je savais du moins où rencontrer M. Moufle !

— Vous connaissez M. Moufle ? dit d'un ton de curiosité et d'intérêt l'abbé Cornouaille, qui était revenu sur ses pas vers la jeune fille, lorsqu'il entendit prononcer le nom de Moufle. Vous connaissez le premier valet de chambre de M. de Vermandois !

— Si je le connais ! reprit Thérèse, en relevant la tête avec assurance. Certes, il ne me laisserait pas dans cette situation douloureuse, quand il viendrait à savoir que je suis là depuis le matin à guetter le retour de mademoiselle de Chantemerle ?

— Mademoiselle de Chantemerle? vous connaissez aussi mademoiselle de Chantemerle ?... Parlez plus bas, de peur que quelqu'un ne nous écoute !

— Vous ne me trahirez pas, monsieur, dit avec inquiétude Thérèse, qui se repentait d'avoir nommé mademoiselle de Chantemerle. C'est elle-même que j'attends ici ! C'est à cause d'elle que je suis dans les transes!... Oh ! dites-moi, monsieur, Moufle est-il à Versailles ?

— Moufle, le valet de chambre de M. de Vermandois ? Il ne peut être ici, puisqu'il était encore ce matin à la Bastille !

—A la Bastille! répéta Thérèse stupéfiée, A la Bastille ! Eh! pourquoi cela, grand Dieu ! Qu'a-t-il donc fait ce pauvre Moufle?

— Je ne crois pas qu'il y reste long-temps, car on ne lui impute aucun fait coupable, et j'estime qu'il a été mis en suspicion par quelqu'un des ennemis de M. le comte de Vermandois. Je le verrai ce soir même et lui communiquerai de votre part ce qu'il vous plaira de lui faire savoir.

— Vous le verrez ce soir, monsieur? dit Thérèse en pleurant. Ne pourrai-je pas le voir aussi? Oh! faites, monsieur, que je le voie !...

— Êtes-vous sa sœur ou sa femme, que vous vous intéressez si fort à lui? Je n'ai pas le pouvoir qu'il faut pour vous conduire à la Bastille, mais, encore une fois, n'ayez pas de crainte ni de chagrin à ce sujet : M. Moufle sera mis en liberté un jour ou l'autre.

— Mais enfin il est à la Bastille !... Ne voudriez-vous pas me dire, je vous prie, monsieur, le fait qu'on lui reproche ?

— Ce sont de pitoyables calomnies qui ne valent pas qu'on les discute !... répondit l'abbé Cornouaille, examinant l'impression que ses paroles produisaient sur le

visage de Thérèse : on l'accuse, je crois,
d'avoir enlevé mademoiselle de Chantemerle.

— Enlevée ? s'écria Thérèse indignée.
Il n'y a pas eu d'enlèvement : mademoiselle de Chantemerle et moi, nous nous
sommes échappées du couvent de l'Ave-
Maria, où l'on nous retenait injustement
contre notre volonté, en haine de notre
religion...

— Mais, madame, que puis-je pour vous
rendre service ? interrompit le prêtre avec
un empressement plein de bonté. Que
faut-il faire pour être utile à mademoiselle
de Chantemerle ? Il n'est rien que je ne
fasse dans ce but, et je suis tout à ses
ordres.

— Qui donc êtes-vous, monsieur? reprit Thérèse étonnée et intriguée. Qui êtes-vous pour vous tant intéresser à mademoiselle?

— Je suis, ou plutôt j'étais le directeur de conscience de M. le comte de Vermandois; on me nomme l'abbé Cornouaille...

— Vous êtes le frère de notre pasteur Jérémie Cornouaille? Vous êtes né, comme moi, sur les terres du comte de Chantemerle?

— C'est un devoir sacré pour moi que de venir en aide à la fille de M. le comte de Chantemerle, à une personne que M. le comte de Vermandois m'a recommandée particulièrement... Vous dites que mademoiselle de Chantemerle est entrée au château ?

— Et n'en est plus sortie, quoique six ou sept heures se soient écoulées depuis que je l'ai quittée à cette grille ?

— Qu'allait-elle faire au château ? Quelle est cette démarche délicate dont vous parliez ? Pourquoi voulait-elle voir monseigneur ?

— Une femme de médiocre condition, une comédienne, à ne vous rien cacher, qui s'était entremise pour la mener chez le Dauphin...

— Mademoiselle de Chantemerle est en campagnie avec des comédiennes ! s'écria l'abbé, que cette circonstance affligeait visiblement.

— Oh! le hasard seul a fait cette rencontre, et quand mademoiselle de Chantemerle a su que son père était prisonnier d'État à la Bastille et qu'on devait le transférer en Dauphiné pour l'exécution de la sentence, elle a failli perdre l'usage de sa raison; elle a sur l'heure accepté le moyen qu'on lui offrait d'obtenir la grâce de son père : elle s'est mise à la merci de cette comédienne...

— Vous me faites frémir, mon enfant! Monseigneur le Dauphin est, dit-on, un prince de mœurs sévères et de conduite irréprochable... Mais Dieu sait où l'on

aura pu entraîner une jeune fille sans ex-
périence et sans soupçon ! Il faut nous
mettre en quête...

— Non, ce ne peut être une embûche...
Cette comédienne, toute comédienne
qu'elle soit, ne semble pas une méchante
femme !... Quoi ! vous supposez que mademoiselle de Chantemerle pourrait être
tombée dans un piége ? Je n'y avais pas
songé, et voici que je m'en épouvante !...

— Je la retrouverai ! dit l'abbé Cornouaille, qui se représentait avec effroi
tous les périls que mademoiselle de Chantemerle avait pu courir, sous l'influence
corruptrice d'une comédienne, dans le
monde pervers des courtisans. Dieu fasse
que son bon ange l'ait protégée !

— Ce n'est pas tout que de chercher ce qu'elle est devenue, reprit Thérèse, en le retenant encore. Rappelez-vous que mademoiselle de Chantemerle est protestante, qu'elle s'est enfuie de l'Ave-Maria, où le roi l'avait fait enfermer, et qu'elle y serait réintégrée, pour y être renfermée plus étroitement, si elle est reconnue et si l'on se saisit de sa personne? Il y a une lettre de cachet contre nous !

— Ne vous montrez pas, et laissez-moi faire ! Que je découvre seulement la trace de cette pauvre demoiselle... On l'a conduite, dites-vous, chez le Dauphin? Quel est le nom de cette comédienne ?

— La Raisin ; elle est de la troupe des

comédiens du roi, au théâtre de l'hôtel
Guénégaud... J'oubliais de vous dire que
monseigneur le Daupbin lui porte une très
grande amitié, à ce point qu'elle se vante
de le tenir sous le joug comme son ser-
viteur...

— J'entrevois là-dedans des dangers que
je n'eusse pas devinés !... Si c'était un détestable complot !... Mais la vertu d'une
fille honnête est un puissant bouclier, et
Dieu se range volontiers du parti de l'in-
nocence, pour la rendre invincible !...
Vous, mon enfant, mettez-vous en prière,
et invoquez en faveur de mademoiselle de
Chantemerle là protection de la sainte
Vierge immaculée.

— Je prierais de bon cœur, dit Thérèse

émue et troublée de cette pieuse allocution, mais je suis protestante !...

— Priez toujours, mon enfant ! de quelque part que vienne la prière, elle est agréable à Dieu, quand les lèvres sont pures et le cœur fervent.

— O mon Dieu ! s'écria Thérèse, que la parole du prêtre électrisait : je vous conjure de nous rendre saine et sauve mademoiselle de Chantemerle ! Je vous conjure de faire sortir de la Bastille notre bon ami M. Moufle, qui est bien le plus honnête et le meilleur des hommes !

Thérèse s'était agenouillée instinctivement au pied d'un arbre de la route, et l'abbé Cornouaille lui donna sa bénédiction catholique, en unissant ses prières à celles de la jeune protestante, qui versait des larmes muettes sur le sort de Moufle, prisonnier à la Bastille.

Le crépuscule ne permettait déjà plus de distinguer les objets, lorsque Thérèse, qui persistait à seconder le généreux vicaire de Saint-Eustache dans les recherches qu'il devait faire au château pour y retrouver mademoiselle de Chantemerle, entra derrière lui dans la Grande-Cour, sans savoir jusqu'où elle pourrait l'accompagner.

Les portiers, qui fermaient alors les grilles, la virent entrer et ne l'arrêtèrent pas au passage, parce qu'ils la reconnurent pour l'avoir aperçue déjà, et qu'ils s'imaginaient qu'elle se rendait encore chez madame de Maintenon, où elle devait avoir ses entrées.

On laissa passer également l'abbé Cornouaille, dont l'habit ecclésiastique était un excellent passeport pour circuler partout dans le château, où l'on ne rencontrait que soutanes et petits collets, guimpes et scapulaires, les jours où madame de Maintenon donnait audience à ses créatures.

Ce fut justement du côté de l'appartement de madame de Maintenon que le hasard conduisit l'abbé et Thérèse qui se rejoignirent sous les fenêtres de la favorite.

On venait d'allumer une lanterne, que le vent balançait au-dessus de leurs têtes, et qui projetait à l'entour une clarté vacillante.

— Je suis bien en peine de savoir où nous adresser! dit l'abbé Cornouaille, en parlant bas à Thérèse. Ce château est si vaste, et tant de monde l'habite!

— Il faut demander en quelle partie du château loge le Dauphin? reprit Thérèse, qui regardait les bâtiments et les fenêtres pour chercher de quel côté s'orienter. On nous dira peut-être chez monseigneur si l'on y a vu mademoiselle de Chantemerle?

— A condition que nous ne la nommions pas, car ce nom-là n'est pas bon à prononcer ici! Ne serait-il pas plus habile de nommer seulement cette comédienne qui l'accompagnait, dites-vous, et qui doit être connue dans la maison du Dauphin?

— Il ne vous convient pas, à vous, monsieur, de nommer une comédienne et de paraître avoir des rapports avec ces sortes de gens-là. Attendez-moi à cette place!... Voici quelqu'un qui passe là-bas. Je vais faire une tentative.

C'était par aventure un valet de pied attaché au service intérieur de l'apparte-ment du Dauphin.

Thérèse, encouragée par la présence de l'abbé, alla droit à ce domestique, qu'elle

arrêta sous un vestibule, en l'interpellant
d'une voix douce et timide :

— Monsieur, lui dit-elle, vous pourriez
me faire un bien grand plaisir en me don-
nant des nouvelles d'une personne qui doit
être ici?

— Quelle personne, mademoiselle? répondit d'un air avenant le valet de pied,
que l'agréable figure de Thérèse avait tout
d'abord mis de bonne humeur.

— C'est une comédienne de la troupe
royale, reprit la jeune fille en rougissant;
on l'appelle la demoiselle Raisin...

— Chut! gardez qu'on ne vous entende
prononcer ce nom! dit le domestique, en

s'assurant qu'on n'écoutait pas aux alentours. Monseigneur est fort affligé de ce s'est passé, mais il ne pouvait empêcher que le roi envoyât cette pauvre demoiselle aux Madelonnettes.

— Eh! qu'est-ce que les Madelonnettes, s'il vous plaît? repartit naïvement Thérèse, qui avait passé quatre ans à Paris, sans rien connaître de la capitale et de ses établissements divers. Madelonnettes! c'est apparemment un théâtre?

— Un théâtre! s'écria le valet, avec un éclat de rire, en ayant quelque doute sur la naïveté de Thérèse. C'est plutôt une espèce de couvent.

— Mort de ma vie! répliqua-t-elle, toute

troublée : un couvent à la façon de l'Ave-
Maria, où l'on enferme les filles malgré
elles !

— Comme vous le dites ! reprit le domestique en riant plus fort. Mais je vous
conseille de n'y point aller, ma chère enfant ; car on vous y enfermerait aussi avec
votre maîtresse... Je devine, n'est-ce pas,
que vous appartenez à la demoiselle Raisin ?

— Oh ! non, dit-elle en rougissant ; je
n'ai pas le malheur de servir une comédienne !... Mais, s'il vous plaît, la demoiselle Raisin n'était pas seule...

— Seule ! répondit le valet, qui ne com-
prenait pas le sens ni la portée de cette

question. Elle était avec monseigneur,
quand le roi est venu qui l'a fait partir sur-
le-champ pour les Madelonnettes où elle
demeurera plusieurs jours...

— Ce n'est pas cela qui m'inquiète ; je
m'informe seulement de ce qu'est devenue une honnête personne qui est entrée
céans avec la demoiselle Raisin ?...

— L'honnête personne dont vous parlez, dit-il gaîment, que venait-elle faire
en compagnie d'une fameuse comédienne?

— Elle venait, monsieur, pour avoir
l'honneur de voir le Dauphin, et pour
solliciter de lui une grâce particulière.

— Je n'ai pas rencontré cette honnête

personne, poursuivit le valet en riant sardoniquement ; je n'ai pas ouï parler d'elle et je doute qu'elle ait pénétré jusqu'à monseigneur, en dépit du bon vouloir de la demoiselle Raisin qui devait faire la présentation.

— Cependant, monsieur, elle est arrivée à Versailles entre onze heures et midi, depuis lors, on ne l'a pas vue sortir du château.

— Voilà qui est merveilleux! poursuivit le domestique, qui ne savait trop à quelle opinion se fixer relativement à son interlocutrice. Il faut que quelqu'un ait trouvé la conversation plaisante avec cette honnête personne?... Mais je puis m'enquérir là-haut de ce qui en est.

— Je vous en aurai une obligation extrême, monsieur, car je suis au désespoir
de n'avoir pas eu de ses nouvelles depuis
ce matin.

— Patientez un moment ; je ne tarderai
guère à vous donner satisfaction... A pro-
pos, dit-il d'un ton assez leste, en revenant sur ses pas, cette honnête personne
est sans doute une femme ou une fille ?

— C'est une demoiselle de qualité, reprit Thérèse avec une décence simple et
fière qui forçait au respect. Monsieur, je
vous remercie de bon cœur, ajouta-t-elle
gracieusement : je prierai M. Moufle-de
vous remercier aussi, pour le bon office
que vous nous rendez !

— Ah ! vous êtes des amies de M. Moufle ! dit le valet de pied, dont l'empressement ne fit que s'accroître. M. Moufle est un homme que nous aimons et estimons tous ici !... Malgré sa disgrâce, je serai fort aise de l'obliger en vous obligeant.

Thérèse se cacha dans le coin le plus sombre de ce vestibule, qui n'était éclairé que par une lanterne suspendue à la voûte, elle attendit avec impatience le retour du domestique, et elle tremblait de se trouver sur le passage des gens du château qu'elle entendait aller et venir pour leur service aux environs.

Cependant l'abbé Cornouaille, les yeux tournés vers l'entrée du vestibule où il avait vu disparaître Thérèse, demeurait

immobile sous la lumière de la lanterne
qui éclairait les abords de l'appartement
de madame de Maintenon.

Tout à coup, une fenêtre s'ouvrit au
premier étage, et, comme ses regards se
portèrent aussitôt vers cette fenêtre, il vit
s'avancer, en dehors du balcon, une tête
de femme enveloppée de coiffes et de dentelles noires.

— Monsieur le curé ! lui cria une voix
aigre et chevrotante : que ne montez-vous
quand on vous attend? Cette fille est à
demi-morte, et il serait bien déplorable
qu'elle vînt à trépasser sans confession
dans le propre appartement de madame
la marquise !

L'abbé Cornouaille fut poussé en avant
par un pressentiment qui lui disait que la
main de Dieu allait le conduire jusqu'à ce
qu'il eût retrouvé mademoiselle de Chantemerle.

Il ne répondit pas autrement que par
une profonde inclination, et il se mit en
devoir de parvenir sur-le-champ auprès de
la personne qui l'avait appelé par la fenêtre en le prenant sans doute pour quelqu'un qu'on souhaitait voir arriver.

Dès qu'il se présenta, tout ému de sa
hardiesse, à la première porte qui s'offrait
à lui, deux valets à la livrée du roi le re-
çurent sans lui demander son nom, et le
conduisirent avec beaucoup de déférence

dans une antichambre, où mademoiselle de Balbien était seule avec mademoiselle de Chantemerle.

Celle-ci, les vêtements en désordre, les cheveux épars, la physionomie complètement bouleversée, les yeux fixes et sans regard, la bouche entr'ouverte, paraissait privée de mouvement et de sensibilité; elle gisait couchée sur des coussins, comme un spectre, comme une morte.

L'abbé Cornouaille ne l'avait jamais vue auparavant, mais il devina que ce ne pouvait être qu'elle.

Comment la malheureuse jeune fille se trouvait-elle dans cet état effrayant? Quelles circonstances mystérieuses avaient pu mettre sa vie en péril ?

— Ah ! ce n'est pas M. le curé ! dit mademoiselle Balbien, dès qu'elle eut envisagé l'abbé Cornouaille, qu'elle se souvenait vaguement d'avoir vu prêcher, à la chapelle du château, devant le roi. Vous n'êtes pas de la paroisse de Saint-Louis, monsieur l'abbé?

— Non, madame ! répondit le vicaire de Saint-Eustache, qui n'hésita pas à recourir au mensonge. Mais peu importe ; on mandait un prêtre, et me voici.

— Madame la marquise avait désiré que ce fût M. le curé lui-même qui vînt assis-

ter cette fille, qu'on doit conduire à l'hôpital?

— M. le curé était auprès d'un malade,
dit l'abbé Cornouaille, et, comme il ne
pouvait accourir ici, il m'a dépêché en son
lieu et place... Au reste, ajouta-t-il en s'approchant de mademoiselle de Chantemerle
avec un vif sentiment de pitié et d'intérêt,
il fallait se presser, car cette pauvre demoiselle paraît être dans une bien triste
situation.

— Hâtez-vous donc de la confesser, s'il
est possible, ou du moins de dire sur elle
quelques prières qui soient profitables pour
son âme. Elle s'en va certainement rendre
le dernier soupir pendant le trajet du château à l'hôpital.

— Mon enfant, c'est un ami que le bon Dieu vous adresse! dit le prêtre en se penchant à l'oreille de Louise, qui n'entendait pas même le son de cette voix consolante.

— Elle ne vous entend pas! reprit mademoiselle de Balbien; elle ne vous répondra pas plus qu'à nous! Ce sont des efforts inutiles que de vouloir la confesser; elle est à l'agonie, et il n'y a pas de temps à perdre pour la disposer à la mort. Mais vous n'avez point apporté les saintes huiles ni le crucifix?

— J'ai pensé, répliqua l'abbé Cornouaille, qui était impatient d'emmener mademoiselle de Chantemerle hors du château; j'ai pensé que toutes ces cérémo-

nies se feraient plus convenablement à
l'hôpital.

— Oui, si on était sûr qu'elle fût encore vivante en y arrivant ! Mais, voyez,
elle passera d'une minute à l'autre...

— Il fallait chercher un médecin aussi
bien qu'un prêtre ! s'écria l'abbé, qui ju-
gea que l'état de la malade était fort grave.

— Le médecin a été mandé, qui l'a crue
morte, et qui s'en est allé en déclarant que
son ministère était désormais inutile.

— Madame, je vous prie d'ordonner que
personne ne nous vienne troubler ; je veux
du moins recommander son âme à Dieu.

Mademoiselle de Balbien sortit un moment pour donner des ordres ; puis, elle entra chez madame de Maintenon, qui s'était mise en prières, et elle lui annonça que le prêtre était là, auprès de la moribonde ; qu'il assistait à ses derniers moments.

Quand l'abbé Cornouaille se vit seul à côté de mademoiselle de Chantemerle, qui n'avait pas encore repris ses sens, ou qui du moins restait plongée dans une demi-léthargie, il s'agenouilla, les mains jointes, et répéta les litanies des agonisants, avec tant d'onction et de ferveur, que cette ardente charité chrétienne, par une mystérieuse sympathie, communiqua par degrés à la mourante un vague sentiment d'existence.

Mademoiselle de Chantemerle, qui commençait à percevoir indistinctement les sons et les couleurs, entendit la voix qui priait, et distingua une figure humaine à genoux devant elle.

C'était comme un songe embrouillé et confus, dans lequel les objets n'avaient pas de forme réelle et saisissable.

Cependant, la raideur de ses membres était assouplie ; la chaleur vitale revenait par intervalles à la surface du corps ; la respiration, longtemps suspendue et entrecoupée, se réglait en devenant plus libre. On voyait, pour ainsi dire, poindre le regard dans les prunelles vitreuses de la jeune fille, et ce regard s'était arrêté, encore terne et indécis, sur le regard évocateur et rayonnant du ministre de la religion.

Il y avait, en ce moment, de l'un à l'autre, un échange indéfinissable de battements de cœur.

Mademoiselle de Chantemerle, toujours privée de la conscience d'elle-même, retrouvait, sous l'influence invisible de la prière, la force et le pouvoir de vivre.

— Mon enfant, lui dit l'abbé Cornouaille avec un accent ineffable, ne voulez-vous pas revoir votre père ?

Mademoiselle de Chantemerle ne répondit pas, mais ses yeux s'animèrent à l'instant, et des larmes parurent aux bords de ses paupières : elle avait donc entendu, elle avait donc compris. Néanmoins, elle demeurait immobile, inerte ; son regard seul vivait.

— Mon enfant, reprit l'abbé qui se réjouissait d'avoir obtenu déjà ce résultat inespéré, je vais vous conduire vers votre père.

Mademoiselle de Chantemerle ne répondit pas davantage, mais elle fit un mouvement et détourna la tête : ses yeux étaient pleins de larmes.

Le vicaire de Saint-Eustache remarquait avec joie une amélioration sensible dans l'état de la malade.

Toutefois, il ne soupçonnait pas encore que la malheureuse Louise avait perdu la raison.

Il l'interrogea, il lui parla de nouveau, sans qu'elle donnât aucun signe d'intelligence.

Elle avait les yeux fixes ou égarés : elle ne sortait plus de son effrayante inertie. Cependant on pouvait juger que sa vie ne courait plus de danger immédiat et que la crise terrible, qui avait failli se terminer par la mort, touchait à sa fin.

— Au nom de votre père, ma chère enfant, écoutez-moi ! lui dit l'abbé Cornouaille, avec une expression suppliante et impérative à la fois. Si vous voulez que

je vous rende à votre père, si vous voulez
n'être pas séparée de ce que vous aimez le
plus au monde!...

Mademoiselle de Chantemerle entendit
ces mots, mais elle les comprit dans un
sens bien différent de celui que le prêtre
leur donnait, car elle les rapportait à son
amour pour le comte de Vermandois ; et,
sans savoir qui avait parlé de la sorte, elle
recouvra un instant toutes ses facultés au-
ditives pour écouter une pressante recom-
mandation qu'on lui adressait au nom de
cet amour qui couvait dans le fond de son
cœur.

— Si vous voulez, répéta l'abbé, voyant
que cette phrase avait produit un effet

étrange sur mademoiselle de Chantemerle,
si vous voulez n'être pas séparée de ce que
vous aimez le plus au monde, gardez-
vous bien de me démentir ni de me résis-
ter ; quoi que je dise, quoi que je fasse pour
vous tirer du mauvais pas où vous êtes,
considérez-moi, en toute confiance,
comme un protecteur envoyé par votre
meilleur ami !

Mademoiselle de Chantemerle avait tout
entendu.

Elle indiqua, par un mouvement de tête
et par un regard significatif, qu'elle se con-
formerait à ces instructions qui, dans sa
pensée, ne pouvaient lui venir que du
comte de Vermandois.

Du reste, sa raison était aussi troublée,
aussi ténébreuse qu'auparavant, et l'abbé
Cornouaille ne s'apercevait pas encore de
cet égarement moral qu'il attribuait à la
maladie physique.

Mademoiselle de Balbien rentra.

Elle s'attendait à trouver une morte;
elle fut bien surprise de voir que cette
morte la regardait avec des yeux animés
et menaçants.

— Mon Dieu! dit-elle bas à l'oreille de
l'abbé, vous l'avez donc ressuscitée avec
votre prière!... On jurerait que cette femme
est possédée du diable!

— Chut! répondit le prêtre à voix basse,

elle revient à elle, et je la crois assez remise pour qu'on puisse la transporter
hors d'ici.

— Certes ! je voudrais qu'elle fût déjà
bien loin !... Assurément, cette femme est
une démoniaque !... Ne l'avez-vous pas
confessée ?

— La confesser ! la chose n'est pas possible maintenant ; il faut d'abord qu'elle
soit conduite dans un lieu tranquille...

— A l'hôpital, et le plus vite qu'il se
pourra, car madame la marquise s'effraie
et se tourmente d'avoir dans son appartement une femme inconnue, qui n'est pas
une voleuse, comme on l'avait d'abord
pensé, mais qui est peut-être possédée...

— Madame, voici M. le curé de Saint-
Louis ! dit un vieux domestique qui entra
tout essoufflé ; il a laissé, à la porte de la
grande cour, son diacre, son bedeau et
ses clercs, avec le crucifix et le Saint-
Sacrement, car le concierge les empêche
d'entrer, d'autant que le roi a donné des
ordres pour que personne ne meure à
Versailles, quand il y est...

— Madame, interrompit l'abbé Cornouaille avec perplexité, je vous supplie
de faire répondre à M. le curé que nous
n'avons plus besoin de son ministère ici.

— Sans doute, interrompit mademoiselle de Balbien, tout ce remue-ménage
trouble et gêne madame la marquise : elle

se désolait à l'idée que cette femme irait de vie à trépas dans son appartement !… Le concierge, d'ailleurs, a raison : le roi veut qu'on fasse sortir du château les gens qui sont en péril de mort. On va, tout à l'heure, mener cette femme à l'hôpital ; c'est là que M. le curé pourra lui administrer les derniers sacrements, si toutefois elle est chrétienne et catholique… Allez donc, Bastien, congédier M. le curé, et remerciez-le de notre part.

Mademoiselle de Balbien s'approcha de Louise.

Celle-ci était toujours immobile et muette, mais ses yeux seuls continuaient à vivre : ils se fixèrent avec une expres-

sion de menace sinistre sur la vieille ser-
vante de madame de Maintenon, qui recula devant ce regard inflexible.

— Elle est possédée, je vous assure, dit
mademoiselle de Balbien, et je serai très
aise quand nous en serons délivrés. Il y a
en bas une chaise et des porteurs pour la
conduire à l'hôpital... Vous l'accompagne-
rez, n'est-ce pas? et demain vous nous
donnerez de ses nouvelles... Madame la
marquise tient particulièrement à savoir
qui elle est et pourquoi elle s'était cachée
dans notre appartement...

— Elle s'était cachée, dites-vous, dans
l'appartement de madame de Maintenon?

répliqua l'abbé, qui s'était remis en prières près de Louise.

— Oui, monsieur ; mais elle n'avait pas d'armes sur elle, lorsqu'on l'a trouvée évanouie, dans le grand cabinet, derrière la chambre de madame la marquise. On n'a pu découvrir comment elle y était entrée ; on n'a pas su, non plus, d'où elle vient, car personne au château ne la connaît... N'avez-vous pas ouï dire que le démon prenait parfois la figure d'une femme, pour mieux faire ses malices ?

— Madame ! interrompit l'abbé, qui avait ruminé un plan de retraite, vous dites que les porteurs et la chaise sont en bas, qui attendent ?

— On est venu m'en informer... Çà, quand donc nous délivrez-vous de cette étrangère? Je tremble que madame la marquise ne vienne et ne la voie!

— Sait-on qui elle est? cria par la porte entre-bâillée une voix grêle et rauque, accompagnée d'une quinte de toux.

— Vous pouvez dire à madame la marquise, répliqua en grognant mademoiselle de Balbien, que c'est une possédée qui a besoin d'être exorcisée!

La porte se referma sur-le-champ avec fracas, et mademoiselle de Balbien se prit à rire de la peur qu'elle avait causée à la marquise de Monchevreuil.

Elle n'était pas moins superstitieuse que celle-ci, mais elle était plus courageuse et plus hardie.

Elle revint donc à la charge auprès de mademoiselle de Chantemerle, qu'elle secoua rudement par le bras, en l'interrogeant.

— Si j'étais la maîtresse, lui dit-elle durement, je viendrais bien à bout de votre opiniâtreté, en vous faisant mettre à la question !

— Mettre à la question une femme malade et presque moribonde ! s'écria le prêtre indigné.

— Ce serait le moyen le plus sûr de la

faire parler, eût-elle le diable au corps !...
Madame la marquise eût agi avec plus de
prudence, en faisant avertir le roi... Ça,
peut-on deviner quels étaient les desseins
de cette coureuse, qui s'est introduite
dans le château, et jusque dans notre appartement intérieur !

— Ah ! madame ! avez-vous conscience
d'appeler coureuse une personne qui est
probablement...

— N'a-t-on pas, aujourd'hui même,
trouvé une comédienne dans l'appartement de monseigneur ?... Celle-ci ne vaut
pas mieux, sans doute, et le roi l'eût en-
voyée, comme la première, aux Madelonnettes, pour y faire pénitence.

— Fontainebleau !... murmurait mademoiselle de Chantemerle, qui parlait toute seule à voix basse, Louis ! Louis Breton !...

— Que dit-elle là ? reprit mademoiselle de Balbien, prêtant l'oreille et ne distinguant pas un seul mot, car elle était un peu sourde.

— Nous allons partir ! répondit brusquement l'abbé, qui craignait que mademoiselle de Chantemerle ne se trahît elle-même. Il faudra bien qu'elle parle, et nous connaîtrons alors toute son histoire.

— Vous nous en ferez part, je vous prie, mais, croyez-moi, pour la mieux confesser, exorcisez-la !

L'abbé Cornouaille était allé réclamer l'aide de deux vieux valets de pied, qui jouaient aux cartes dans le vestibule, et qui mirent leurs cartes en poche pour venir enlever l'inconnue et la transférer dans la chaise à porteurs.

L'un d'eux, en se baissant, laissa tomber ses cartes, et mademoiselle de Balbien, qui les vit éparpillées sur le parquet, s'imagina qu'elles sortaient de dessous les vêtements de mademoiselle de Chantemerle.

— Des cartes dans notre appartement! s'écria-t-elle, en se signant. Abomination! C'est vraiment cette bohémienne qui apporte ici ces instruments de l'enfer!...

Sainte Vierge ! dépêchez d'ôter tout cela et de nous délivrer de cette démoniaque !

Mademoiselle de Chantemerle ne fit aucune résistance, ni aucun mouvement, pendant qu'on la transportait, à bras d'hommes, hors de l'appartement de madame de Maintenon.

Elle ressemblait à un cadavre ou à un fantôme.

L'abbé Cornouaille la suivait pas à pas, en implorant, dans une prière mentale, l'assistance du ciel.

Louise fut déposée dans la chaise, dont l'abbé eut soin de fermer les rideaux sous prétexte de la garantir de l'impression de l'air et du froid.

Il achevait de prendre cette précaution, lorsqu'il vit apparaître Thérèse, qui se plaça silencieusement à la portière ; ils échangèrent un signe d'intelligence et de joie.

Cependant, mademoiselle de Chante-merle n'était pas encore sauvée, et Thérèse ignorait en quel état elle allait retrouver son amie.

La chaise s'ébranla, soulevée par deux robustes porteurs à la livrée du roi.

L'abbé tremblait que la jeune fille, qui continuait à parler seule, à mots inarticu-

lés, ne poussât quelque cri ou ne prononçât elle-même son nom.

Thérèse, stupéfaite et anxieuse, ne savait que penser de cette chaise, dans laquelle se trouvait Louise, dont elle reconnaissait la voix.

— Monsieur le curé, dit un des porteurs, on nous a ordonné d'aller à l'hôpital. Vous ne semblez pas en connaître le chemin ?

— La nuit est si noire ! répondit l'abbé, qui cherchait une manière de se débarrasser des deux porteurs. Doucement, mes amis, je vous supplie ! Il y a là-dedans une pauvre femme qui donnerait volontiers dix louis pour reposer dans un bon lit.

— Dix louis ! répéta l'autre porteur, je la porterais jusqu'en paradis pour les avoir !

Cette joviale exclamation inspira aussi- tôt à l'abbé Cornouaille une ruse qu'il mit sur-le-champ à exécution.

La chaise était alors à quelque distance du château. Elle avait traversé sans acci- dent la grande cour et l'avant-cour ; elle allait entrer dans la ville, en laissant à droite l'avenue de Paris, où devait être encore le carrosse qui avait amené l'abbé Cornouaille.

— Ce n'est rien que dix louis pour la personne qui est dans cette chaise! dit-il, éprouvant à faire ce mensonge une répugnance qui faillit en compromettre le succès. Je vous les promets de bon cœur, si vous prenez la peine de les aller chercher.

— Dix louis, monsieur le curé! s'écria le plus intéressé des deux porteurs. Où trouvera-t-on cela, bon seigneur Dieu!

— Cette pauvre dame a oublié sa bourse! dit-il en affectant une vive contrariété, une bourse qui contenait une si grosse somme!

— Où est-elle? où faut-il la quérir? s'écrièrent les deux porteurs, qui posèrent la

chaise à terre, et s'élancèrent du côté de
l'abbé.

— Mes amis ! mes amis ! leur disait le
bon prêtre, assailli de leurs questions et
de leur reconnaissance, tenez, il y a dans
cette bourse une dizaine d'écus...

— Dix écus ne sont pas dix louis ! re-
prenaient-ils, plus âpres et plus ardents à
la curée, après avoir reçu ce faible à-
compte. La bourse qui renferme la grosse
somme, où la trouverons-nous, s'il vous
plaît ? Il faut se hâter, de peur qu'on ne la
ramasse !

— Vous la trouverez, dit-il enfin, en
s'efforçant de bien mentir, vous la trou-

verez dans l'escalier, sur le dixième ou le vingtième degré!...

Les porteurs étaient déjà partis, sans entendre la fin de cette fausse indication, qui n'avait rien de précis, ni même de vraisemblable.

Ils couraient de toutes leurs forces, chacun d'eux essayant d'arriver avant l'autre.

L'abbé Cornouaille avait ouvert la portière de la chaise.

Mais, se ravisant, il invita Thérèse à s'atteler, comme lui, aux bâtons de cette chaise, qu'ils portèrent, en doublant le pas, jusqu'à l'avenue de Paris.

Ils eurent le bonheur d'y rencontrer le carrosse, dont le cocher s'était endormi en attendant le vicaire de Saint-Eustache.

Pendant que ce cocher s'éveillait et descendait de son siége, l'abbé avait tiré de la chaise mademoiselle de Chantemerle pour la mettre dans le carrosse.

Thérèse le regardait faire, et n'avait plus l'énergie de lui prêter main-forte.

Elle suffoquait de sanglots, elle était prête à défaillir, en remarquant que Louise n'avait pas fait un mouvement.

— Elle est morte! dit-elle d'une voix frémissante à travers les larmes. Morte, morte, ma chère et bien-aimée Louise!

— Non, répondit en soupirant l'abbé, qui pressait Thérèse de monter dans le carrosse : elle n'est pas morte ! elle est folle !

On lit dans la *Gazette de France*, du 27 novembre : « Louis, légitimé de France, comte de Vermandois, amiral de France, mourut à Courtrai, la nuit du 17 au 18 du mois, d'une fièvre continue, dont il avait ressenti les premières atteintes pendant le siége, ce qui ne l'avait pas empêché d'aller à la tranchée et de signaler son courage en toutes les occasions. Il reçut les sacrements avec les sentiments d'une piété exemplaire. Le roi a donné la charge d'amiral à Louis-Alexandre, légitimé de France, comte de Toulouse. »

Le comte de Vermandois n'était pas mort !

FIN DU COMTE DE VERMANDOIS.

RECUEIL

DE

Tout ce qui a été écrit sur le prisonnier masqué,

Par Poullain de Saint-Foix (1).

Un homme transféré dans une prison avec toutes les précautions possibles pour

(1) Le savant jésuite le Père Griffet ayant soutenu, par des raisons assez spécieuses, que l'Homme au masque de de fer n'était autre que le comte de Vermandois, nous croyons utile de mettre ici sous les yeux du lecteur de notre roman les pièces mêmes de la discussion qui eut lieu en 1770 relativement à ce mystérieux épisode de l'histoire du règne de Louis XIV.

(*Note du bibliophile Jacob*).

qu'il soit inconnu, même après sa mort ;
qu'on oblige d'être toujours masqué ; que
le Gouverneur traite avec la plus grande
considération, dont on meuble la chambre
de toutes choses et d'une façon distinguée
dans un lieu où ces égards sont extrême-
ment rares, à qui l'on donne tout ce qu'il
souhaite, et dont on satisfait jusqu'aux (1)
fantaisies qui doivent paraître les plus
bizarres dans une prison ; toutes ces circonstances forment un événement qui a
dû piquer la curiosité de tous ceux qui en
ont entendu parler. Je publiai, il y a en-

(1) Il est très certain que madame le Bre t, mère de feu
M. le Bret, premier président et intendant en Provence,
choisissait à Paris, à la prière de madame de Saint-Mars,
son intime amie, le linge le plus fin et les plus belles
dentelles, et les lui envoyait à l'île Sainte-Marguerite
pour ce prisonnier ; ce qui confirme ce qu'a rapporté
M. de Voltaire.

viron deux ans, une lettre sur ce prisonnier; je n'y pensais plus, ni à quelques
particularités qu'on m'avait écrites d'Angleterre à l'occasion de ma lettre. Il vient
de paraître un traité des différentes preuves qui servent à établir la vérité de l'Histoire, par le R. P. Griffet. Cet ouvrage a
été accueilli et lu avec l'empressement
distingué que l'auteur mérite à tous
égards. Le chapitre où il parle du prisonnier masqué, p. 291, a réveillé mes idées
sur cette anecdote; j'ai fait de nouvelles
recherches; je crois qu'elles m'ont réussi;
le lecteur en jugera, et de mes nouvelles
réflexions et de mes réponses au R. P.
Griffet. On ne peut bien décider sur un
fait qu'en ayant en entier sous les yeux
ce qu'en ont dit et pensé les différentes
personnes qui en ont parlé, et d'ailleurs

j'ai cru qu'on serait bien aise de trouver ici rassemblé tout ce qu'on a écrit sur cet événement singulier.

Journal de M. du Jonca, lieutenant de Roi de la Bastille.

« Jeudi, 18 septembre 1698, à trois
» heures après midi, M. de Saint-Mars,
» gouverneur de la Bastille, est arrivé
» pour sa première entrée, venant des
» Iles Sainte-Marguerite et Saint-Hono-
» rat, ayant amené avec lui, dans sa li-
» tière, un ancien prisonnier qu'il avait à
» Pignerol, dont le nom ne se dit pas,
» lequel on fait tenir toujours masqué, et
» qui fut d'abord mis dans la tour de la
» Basinière, en attendant la nuit, et que

» je conduisis ensuite moi-même, sur les

» neuf heures du soir, dans la troisième

» chambre de la tour de la Bertaudière,

» laquelle chambre j'avais eu soin de

» faire meubler de toutes choses avant son

» arrivée, en ayant reçu l'ordre de M. de

» Saint-Mars... En le conduisant dans

» ladite chambre, j'étais accompagné,

» ajoute M. du Jonca, du sieur Rosarges,

» que M. de Saint-Mars avait amené avec

» lui, et lequel était chargé de servir

» et de soigner ledit prisonnier qui était

» nourri par le Gouverneur. »

Tout le monde pensera comme le R. P.

Griffet. Il résulte, dit-il, de cette pièce

authentique, de ce journal écrit tout en-

tier de la main de M. du Jonca : 1° qu'il

n'y avait que le sieur Rosarges qui fût em-

ployé à servir ce prisonnier, à l'exclusion

de tous les domestiques ordinaires du
château; 2° que sa chambre était mieux
meublée que celle des autres prisonniers,
puisqu'il y avait eu des ordres envoyés
par M. de Saint-Mars, de la meubler de
toutes choses; ce qui ne peut s'entendre
que d'un ameublement plus riche et plus
recherché que celui des autres chambres,
sans quoi il n'eût pas été nécessaire d'envoyer pour cela des ordres exprès, puisque
les chambres de la Bastille sont toujours
meublées, mais fort simplement; il fallait
donc qu'on eût ordonné un ameublement
particulier pour celle-là; 3° qu'en disant
que ce prisonnier était nourri par le Gouverneur, M. du Jonca a voulu faire entendre, ou que le Gouverneur mangeait avec
lui, ou que sa table était servie comme
celle du Gouverneur; car d'ailleurs il n'y

a dans ce château aucun prisonnier qui ne soit nourri par le Gouverneur, cet usage étant établi et ayant toujours continué depuis Louis XI ; M. du Jonca a donc voulu donner à entendre, par cette expression, que ce prisonnier avait, à l'égard de la nourriture, des avantages et des distinctions particulières.

Suite du journal de M. du Jonca.

« Du lundi, 19 novembre 1703, le prisonnier inconnu, toujours masqué d'un
» masque de velours noir, que M. de
» Saint-Mars avait amené avec lui, ve
» nant des Iles Sainte-Marguerite, qu'il
» gardait depuis longtemps, s'étant trouvé
» hier un peu plus mal, en sortant de la
» messe, il est mort aujourd'hui, sur les

» dix heures du soir, sans avoir eu une
» grande maladie ; il ne se peut pas moins.
» M. Giraut, notre aumônier, le confessa
» hier ; surpris de la mort, il n'a pu rece-
» voir ses sacrements, et notre aumônier
» l'a exhorté un moment avant que de
» mourir. Il fut enterré le mardi 20 no-
» vembre, à quatre heures après midi,
» dans le cimetière de Saint-Paul, notre
» paroisse ; son enterrement coûta qua-
» rante livres. »

*Extrait des registres de sépulture de l'Église
royale et paroissiale de Saint-Paul à
Paris.*

L'an mil sept cent trois, le dix-neuf
novembre, Marchialy, âgé de quarante-
cinq ans, ou environ, est décédé dans la

Bastille, duquel le corps a été inhumé dans le cimetière de Saint-Paul, sa paroisse, le vingt du présent, en présence de M. Rosarges, major, et de M. Reil, chirurgien-major de la Bastille, qui ont signé.

Il est encore très certain qu'après sa mort, il y eut ordre de brûler généralement tout ce qui avait été à son usage, comme linge, habits, matelas, couvertures, etc.; que l'on fit regratter et reblanchir les murailles de la chambre où il y avait été logé, et qu'on poussa même les précautions au point d'en défaire les carreaux, dans la crainte sans doute qu'il n'eût caché quelque billet, ou fait quelque marque qui eût pu aider à faire connaître qui il était.

Examinons à présent les différentes

opinions qu'on a eues au sujet de ce pri-
nier. M. de Voltaire (siècle de Louis XIV)
se contente de rapporter simplement ce
qu'il en avait entendu dire ; il ne discute
ni le fait ni les circonstances. « Quelques
» mois, dit-il, après la mort du cardinal
» Mazarin, en (1) 1661, il arriva un évé-
» nement qui n'a point d'exemple, et ce
» qui n'est pas moins étrange, c'est que
» tous les historiens l'ont ignoré. On en-
» voya dans le plus grand secret, au châ-
» teau de l'île Sainte-Marguerite, dans
» la mer de Provence, un prisonnier d'une
» taille au-dessus de la médiocre, jeune
» et de la figure la plus belle et la plus
» noble. Il portait dans la route, un
» masque qui eut pu aider à faire connaître

(1) Ce ne fut pas en 1661, mais en 1685, c'est ce qui
sera prouvé dans la suite.

» masque dont la mentonnière (1) avait
» des ressorts d'acier qui lui laissaient la
» liberté de manger avec le masque sur
» le visage. On avait ordre de le tuer s'il
» se découvrait. Il resta dans l'île jusqu'à
» ce qu'un officier, nommé Saint-Mars,
» ayant été fait gouverneur de la Bastille,
» en 1699, l'alla prendre (2) à cette île
» Sainte-Marguerite et le conduisit à la
» Bastille, toujours masqué. Le marquis

(2) Il est constaté par le Journal de M. de Jonca, que ce
masque était de velours noir; ainsi le masque de fer et
la mentonnière à ressorts sont de pure imagination, et
prouvent que ceux qui disaient avoir vu ce prisonnier,
ne l'avaient jamais vu.

(1) Il est certain que M. de Saint-Mars eut, en 1685,
le gouvernement des îles Sainte-Marguerite et Saint-Ho-
norat, et qu'il en sortit en 1698, et non pas en 1699,
pour être gouverneur de la Bastille, où il amena ce prisonnier qu'il gardait depuis longtemps à l'île Sainte-Marguerite : ainsi il n'alla pas le prendre à cette île.

» de Louvois alla le voir dans cette île

» avant sa translation, lui parla debout

» et avec une considération qui tenait du

» respect. Cet inconnu fut mené à la

» Bastille, où il fut logé aussi bien qu'on

» peut l'être dans ce château : on ne lui

» refusait rien de ce qu'il demandait ; son

» plus grand goût était pour le linge

» d'une finesse extraordinaire ; il jouait

» de la guitare ; on lui faisait la plus

» grande chère, et le gouverneur s'as-

» seyait rarement devant lui. Un vieux

» médecin de la Bastille, qui avait sou-

» vent traité cet homme singulier dans

» ses maladies, a dit qu'il n'avait jamais

» vu son visage, quoiqu'il eût souvent

» examiné sa langue et le reste de

» son corps. Il était admirablement bien

» fait, disait ce médecin ; il avait la peau

» brune ; il intéressait par le seul son de

» sa voix ; ne se plaignait jamais de son

» état, et ne laissait point entrevoir ce

» qu'il pouvait être ; cet inconnu mourut

» en (1) 1704, et fut enterré la nuit à la

» paroisse Saint-Paul. Ce qui redouble l'é-

» tonnement, c'est que, quand on l'en-

» voya à l'île Sainte-Marguerite, il ne

» disparut dans l'État aucun homme con-

» sidérable. M. de Chamillard fut le der-

» nier ministre qui eût cet étrange secret.

» Le second maréchal de la Feuillade,

» son gendre, m'a dit qu'à la mort de son

» beau-père, il le conjura à genoux de

» lui apprendre ce que c'était que cet in-

» connu qu'on ne connut jamais que sous

» le nom de l'*Homme au masque de fer* ;

» Chamillard lui répondit que c'était le

(1) Ce fut en 1703.

» secret de l'État, et qu'il avait fait ser-
» ment de ne le point révéler. »

Lettre de M. de la Grange-Chancel à M. Fréron,
au sujet de l'Homme au masque de fer.

Le séjour que j'ai fait aux îles Sainte-
Marguerite, où cet événement de l'Homme
au masque de fer n'était plus un secret
d'État dans le temps que j'arrivai, m'en a
appris des particularités qu'un historien
plus exact dans ses recherches que M. de
Voltaire, aurait pu savoir comme moi,
s'il s'était donné la peine de s'en instruire.
Cet événement extraordinaire qu'il place
en 1661, quelques mois après la mort du
cardinal Mazarin, n'est arrivé qu'en 1669,
huit ans après la mort de cette Éminence.

M. de la Motte-Guérin, qui commandait
dans ces îles, du temps que j'y étais détenu (1), m'assura que ce prisonnier était
le duc de Beaufort qu'on disait avoir été
tué au siége de Candie, et dont on ne put
trouver le corps suivant toutes les relations de ce temps-là. Il me dit aussi que
le sieur de Saint-Mars, qui obtint le gouvernement de ces îles après celui de Pignerol, avait de grands égards pour ce
prisonnier; qu'il le servait toujours lui-
même en vaisselle d'argent, et lui fournissait souvent des habits aussi riches qu'il
paraissait le désirer; que dans les maladies
où il avait besoin de médecin ou de chirurgien, il était obligé, sur peine de la
vie, de ne paraître en leur présence qu'a-
vec son masque de fer, et que lorsqu'il

(1) Comme auteur des *Philippiques*.

était seul, il pouvait s'amuser à s'arracher le poil de la barbe avec des pincettes d'acier très luisant et très poli. J'en vis une de celles qui lui servaient à cet usage entre les mains du sieur de Formanoir, neveu de Saint-Mars, et lieutenant d'une compagnie franche, préposée pour la garde des prisonniers. Plusieurs personnes m'ont raconté que lorsque Saint-Mars alla prendre possession du gouvernement de la Bastille où il conduisit son prisonnier, on entendit ce dernier, qui portait son masque de fer, dire à son conducteur : — Est-ce que le roi en veut à ma vie ? — Non, mon prince, répondit Saint-Mars, votre vie est en sûreté ; vous n'avez qu'à vous laisser conduire. J'ai su de plus, d'un nommé Dubuisson, caissier du fameux Samuel Bernard, qui, après avoir été quelques

années à la Bastille, fut conduit aux îles
de Sainte-Marguerite, qu'il était dans une
chambre, avec quelques autres prisonniers,
précisément au-dessus de celle qui était
occupée par cet inconnu ; que par le tuyau
de la cheminée ils pouvaient s'entretenir
et se communiquer leurs pensées ; mais
que celui-ci lui ayant demandé pourquoi
il s'obstinait à leur taire son nom et ses
aventures, il leur avait répondu que cet
aveu lui coûterait la vie, aussi bien qu'à
ceux auxquels il aurait révélé son se—
cret.

D'ailleurs, si on considère l'esprit re-
muant du duc de Beaufort, et la part qu'il
eut à tous les mouvements de Paris du
temps de la Fronde, peut-être ne sera-t-on
pas surpris du parti violent qu'on prit pour
s'en assurer, d'autant plus que l'amirauté,

dont il s'était fait donner la survivance,
le mettait journellement en état de traverser les grands desseins de M. Colbert,
chargé du département de la marine. Cet
amiral, qui paraissait si dangereux à ce
ministre, fut remplacé, selon ses inten-
tions, par le duc de Vermandois, fils du
roi et de la duchesse de La Vallière, lequel n'avait alors que deux ans.

Enfin ceux qui voudront supputer l'âge
que pouvait avoir le duc de Beaufort lorsqu'il mourut à la Bastille, en 1704, n'ont
qu'à se rappeler que la duchesse de Ne-
mours, sa contemporaine, mourut pres-
qu'en même temps que celui qui fut l'auteur de son veuvage par le duel qui la
priva de son époux.

Quoiqu'il en soit, aujourd'hui que le
nom et la qualité de cette victime de la

politique ne sont plus des secrets où l'État
soit intéressé, j'ai cru qu'en instruisant le
public de ce qui est venu à ma connaissance, je devais arrêter le cours des idées
que chacun s'est forgé à sa fantaisie sur
la foi d'un auteur qui s'est fait une grande
réputation par le merveilleux, joint à l'air
de vérité qu'on admire dans la plupart de ses écrits, même dans la vie de
Charles XII.

Je suis, etc.

LA GRANGE-CHANGEL.

Réponse. — Le duc de Beaufort avait pu
être un des chefs de la Fronde, et causer
des troubles dans l'État, comme les autres
princes, pendant une minorité que différentes circonstances rendirent très ora-

geuse; mais les temps et les esprits
étaient bien changés; Louis XIV, adoré,
admiré de ses sujets, respecté de tous ses
voisins, jouissait, en 1669, d'une paix glorieuse, après être revenu triomphant des
conquêtes qu'il avait entreprises. Jamais
l'autorité royale n'avait été mieux affermie,
plus absolue, et certainement le duc de
Beaufort ne pouvait pas alors être à craindre; pourquoi donc aurait-on employé
tant de précautions et de mystères pour
le mettre en prison, et pour cacher qu'il y
était. La détention du grand Condé même,
si on avait jugé de le faire arrêter, n'aurait pas causé la moindre émeute.

Il y avait plus de dix ans que le duc de
Beaufort était rentré dans son devoir, et
depuis ce temps-là on n'avait rien eu à lui
reprocher. Chargé de toutes nos expédi-

tions maritimes, depuis 1664 jusqu'à sa descente en Candie en 1669, il s'était comporté avec tout le zèle, le courage et la fidélité possibles ; peut-on supposer que Louis XIV ait condamné un prince à une prison perpétuelle, parce que ce prince, dans sa charge d'amiral, aurait pu traverser les desseins de M. Colbert sur la marine ? Ne peut-on pas déplacer, ou ne point employer un amiral ?

Tous les ouï-dire par lesquels on sut qu'il y avait à l'île Sainte-Marguerite un prisonnier qu'on obligeait de porter un masque de fer, s'accordaient à lui donner un air jeune et très noble ; le duc de Beaufort était né en 1611 ; il avait donc cinquante-huit ans en 1669 ; tous les mémoires où il est parlé de lui, dès le temps même de sa jeunesse, disent qu'il était d'une grande taille, assez bien fait, mais qu'il avait l'air commun ; qu'il se tenait et marchait mal ; qu'il était toujours grossièrement vêtu, et que cette négligence sur toute sa personne allait jusqu'à (1) la malpropreté. Cela ne s'accorde pas avec le récit de M. de la Grange-Chancel ;—On m'assura, dit-il, qu'on lui fournissait souvent des habits aussi riches qu'il paraissait le désirer. Il serait assez singulier que le duc de Beaufort, en vieillissant et en prison, fût devenu curieux en habits.

A l'égard de sa mort, voici ce que rapporte un témoin oculaire, le marquis de Saint-André Montbrun, qui commandait dans Candie :

(1) Défaut dont ses neveux, M. de Vendôme et e grand-prieur, semblaient avoir hérité.

« M. de Beaufort, dit-il, n'attendit pas
» qu'il fût jour pour donner le signal de
» l'attaque; les Français, dont on avait
» fait trois corps, donnèrent sur les
» retranchements des ennemis avec une
» valeur incroyable, mais le désordre se
» mêla bientôt parmi eux; dès que les
» premiers eurent donné, ils s'ouvrirent
» pour laisser le passage aux autres ;
» ceux-ci les voyant avec des mèches al-
» lumées, crurent que c'étaient des enne-
» mis et tirèrent sur eux; les longues
» vestes et sept ou huit Arméniens qui
» servaient de guides aux premiers, aidè-
» rent aux autres à se tromper; le jour
» naissant découvrit bientôt cette mé-
» prise... Tandis que M. de Beaufort là-

(1) *Mémoires de Saint-André Montbrun*, pages **362**
363 et **365**.

» chait de les rallier, il fut tué et con-
» fondu dans la foule des morts... On n'a
» jamais bien su comment M. de Beaufort
» fut tué, mais on sait que le grand-visir
» envoya sa tête à Constantinople où elle
» fut portée pendant trois jours par les
» rues, au bout d'une pique, comme une
» marque de la défaite des chrétiens. »

On voit dans ces mêmes Mémoires (page 344), que dans une attaque précédente, cent vingt Français de distinction furent tués, et que leurs têtes furent mises au bout d'autant de piques, et exposées pendant trois jours dans le camp des Turcs.

Notre ambassadeur à Constantinople, voulant, dans certaines circonstances, rappeler au grand-visir Cuproli Ogli, fils de Mehemct Cuproli, notre ancienne alliance avec l'empire Ottoman. — Je ne

sais pas, dit ce visir, si les Français sont
nos alliés, mais nous les trouvons fré-
quemment parmi nos ennemis; ils étaient
six mille dans l'armée des Allemands au
passage de Raab (1); la même année (2),
votre amiral Beaufort attaqua Gigeri, et continua l'année suivante à faire une guerre
cruelle aux Maures qui sont sous notre
protection, et ce même amiral était encore venu, avec beaucoup de Français,
pour secourir Candie.

Lettre de M. Palteau à M. Freron, Ann.
Litt., juin 1768.

Monsieur,

Comme il paraît par la lettre de M. de

____

(1) Combat de St-Godart où les Français se signalèrent.
(2) 1664.

Saint-Foix, dont vous venez de donner un
extrait, que l'Homme au masque de fer
exerce toujours l'imagination de nos écri-
vains, je vais vous faire part de ce que je
sais de ce prisonnier. Il n'était connu aux
îles Sainte-Marguerite et à la Bastille que
sous le nom de la Tour. Le gouverneur et
les autres officiers avaient de grands
égards pour lui ; il obtenait tout ce qu'ils
pouvaient accorder à un prisonnier. Il se
promenait souvent ayant toujours un masque sur le visage. Ce n'est que depuis que
le *Siècle de Louis XIV* de M. de Voltaire a
paru, que j'ai ouï dire que ce masque
était de fer et à ressorts ; peut-être a-t-on
oublié de me parler de cette circonstance ;
mais il n'avait ce masque que lorsqu'il sortait pour prendre l'air, ou qu'il était obligé
de paraître devant quelqu'étranger.

Le sieur de Blainvilliers, officier d'in-
fanterie, qui avait accès chez M. de Saint-
Mars, gouverneur des îles Sainte-Marguerite, et depuis de la Bastille, m'a dit plusieurs fois que le sort de la Tour ayant
beaucoup excité sa curiosité, pour la satisfaire il avait pris l'habit et les armes d'un
soldat qui devait être en sentinelle dans
une galerie sous les fenêtres de la chambre qu'occupait ce prisonnier aux îles
Sainte-Marguerite ; que de là il l'avait
examiné toute la nuit ; qu'il l'avait très
bien vu ; qu'il n'avait point son masque ;
qu'il était blanc de visage, grand et bien
fait de corps, ayant la jambe un peu trop
fournie par le bas, et les cheveux blancs
quoiqu'il ne fût que dans la force de l'âge ;
il avait passé cette nuit-là presque entière
à se promener. Blainvilliers ajoutait, qu'il

était toujours vêtu de brun, qu'on lui donnait de beau linge et des livres, que le gouverneur et les officiers restaient devant lui debout et découverts jusqu'à ce qu'il les fît couvrir et asseoir ; qu'ils allaient souvent lui tenir compagnie et manger avec lui.

En 1698, M. de Saint-Mars passa du gouvernement des îles Sainte-Marguerite à celui de la Bastille. En venant en prendre possession, il séjourna avec son prisonnier à sa terre de Palteau. L'homme au masque arriva dans une litière qui précédait celle de M. de Saint-Mars ; ils étaient accompagnés de plusieurs gens à cheval. Les paysans allèrent au-devant de leur seigneur ; M. de Saint-Mars mangea avec son prisonnier, qui avait le dos opposé aux croisées de la salle à manger qui donnent sur la cour; les paysans que j'ai interrogés ne purent voir s'il mangeait avec son masque; mais ils observèrent très bien que M. de Saint-Mars, qui était à table vis-à-vis de lui, avait deux pistolets à côté de son assiette. Ils n'avaient pour les servir qu'un seul valet de chambre qui allait chercher les plats qu'on lui apportait dans l'antichambre, fermant soigneusement sur lui la porte de la salle à manger. Lorsque le prisonnier traversait la cour, il avait toujours son masque noir sur le visage; les paysans remarquèrent qu'on lui voyait les dents et les lèvres; qu'il était grand et avait les cheveux blancs. M. de Saint-Mars coucha dans un lit qu'on lui avait dressé auprès de celui de l'homme au masque. M. de Blainvilliers m'a dit, que lors de sa mort, arrivée en 1704, on l'enterra secrètement à Saint-Paul, et que l'on mit dans le cercueil des drogues pour (1) consumer le corps. Je n'ai point ouï dire qu'il eût aucun accent étranger.

Vous ferez, monsieur, l'usage qu'il vous plaira de ces notions qui ne me paraissent appuyer aucune des conjectures que l'on a tirées jusqu'à présent sur l'état de ce malheureux prisonnier.

J'ai l'honneur d'être, etc.

Votre très humble et très obéissant

PALTEAU.

Au château de Palteau, près de Villeneuve-le-Roi, ce 19 juin 1768.

____

(1) Ces drogues étaient inutiles, s'il est vrai que le lendemain, un homme ayant engagé le fossoyeur à déterrer ce corps et à le lui laisser voir, ils trouvèrent un gros caillou à la place de la tête.

Réponse (1) — M. de Blainvilliers, dit M. de Palteau, m'a raconté plusieurs fois que le sort de ce prisonnier ayant excité sa curiosité, il avait pris l'habit et les armes d'un soldat qui devait être en sentinelle dans une galerie sous les fenêtres de la chambre qu'occupait ce prisonnier aux îles Sainte-Marguerite ; que de là il l'avait examiné toute la nuit ; qu'il l'avait très bien vu ; qu'il n'avait pas son masque ; qu'il était blanc de visage, grand et bien fait de corps, ayant la jambe un peu trop fournie par le bas, et les cheveux blancs, quoiqu'il ne fût que dans la force de l'âge ; qu'il avait passé cette nuit presque entière à se promener dans sa chambre...

Ce récit de M. de Blainvilliers à M. de

____

(1) Je fis insérer cette réponse dans l'*Année tittéraire*, septembre 1768.

Palteau est bien extraordinaire ; je conviens qu'il y a quelquefois des choses vraies qui ne sont pas vraisemblables. Quel est l'officier qui osât corrompre un soldat, prendre ses armes, son habit, et se mettre en sentinelle à sa place ? Certainement cet officier et ce soldat seraient mis au conseil de guerre, quand même il ne s'agirait pas d'une affaire d'État, et il paraît que celle de ce prisonnier en était une par toutes les précautions qu'on prenait pour qu'il ne fût pas connu. M. de Blainvilliers l'examina toute la nuit. Les sentinelles ne sont que de trois heures ; qu'aurait dit le caporal en allant relever son soldat, s'il avait trouvé un autre homme à sa place ?

Dans toutes les citadelles et châteaux où l'on renferme des prisonniers d'État, outre les rondes ordinaires, il y en a encore toujours une de demi-heures en demi-heures ; M. de Blainvilliers, pour satisfaire sa curiosité, fut donc obligé de corrompre nombre de personnes qui toutes risquaient beaucoup. Il vit que ce prisonnier était grand, bien fait de corps, mais qu'il avait la jambe un peu trop fournie par le bas. Comment une sentinelle, au-dessous de la chambre d'un prisonnier, peut-elle lui voir le bas de la jambe ? D'ailleurs il fallait que cette chambre fût bien éclairée cette nuit-là, et que les barreaux de fer n'en fussent pas serrés (1) comme ils le sont

(1) Il est certain que ce fut à l'occasion de ce prisonnier, que M. de Saint-Mars reçut ordre de Louis XIV de préparer une prison bien sûre et bien close dans le fort de l'île Sainte-Marguerite, et M. de Piganiol, dans sa *Description de la France*, t. V, p. 376, en dit quelque chose. On montre par tradition la chambre où il était, et

à toutes les fenêtres des prisonniers
d'État.

Si M. de Blainvilliers, étant en sentinelle sous les fenêtres de ce prisonnier
qui avait ôté son masque, put l'examiner
à son aise, tous les soldats qui y étaient
tour à tour en sentinelle, pouvaient l'examiner de même le jour et la nuit, et le voir
sans son masque ; alors pourquoi la précaution de lui en faire porter un?

Puisque le gouverneur et les officiers
restaient debout et découverts devant lui
jusqu'à ce qu'il les fît se couvrir et
s'asseoir, c'était certainement un homme
de la plus grande distinction ; comment
cet homme de la plus grande distinction,

l'on m'a assuré qu'elle n'a qu'une seule fenêtre, qui est
du côté de la mer à quatorze ou quinze pieds au-dessus
du rez-de-chaussée et par conséquent des sentinelles.

étant si mal gardé et pouvant parler aux
sentinelles puisqu'elles pouvaient lui voir
le bas de la jambe, n'aurait-il pas tenté,
par des promesses et de belles espérances,
de corrompre quelque soldat pour se
mettre en liberté, ce qui lui aurait été
très aisé, attendu la contrebande conti-
nuelle qui se faisait à l'île Sainte-Marguerite (1).

A l'égard de la remarque des paysans
qui dirent à M. de Palteau qu'on voyait au
prisonnier les dents et les lèvres, elle
prouverait encore que ce n'était pas M. de
Beaufort à qui madame de Choisi avait
un jour répondu, sur une plaisanterie
qu'il lui faisait : M. de Beaufort voudrait
mordre, et ne le peut pas ; il n'avait alors
que cinquante-trois à cinquante-quatre

(1) Piganiol, tome V, page 377.

ans, et n'avait déjà plus de dents. Si c'eût été lui qu'on transférait à la Bastille, en 1698, et que ces paysans auraient vu, il aurait eu quatre-vingt-sept ans, étant né en 1611.

Extrait des Mémoires secrets pour servir à l'histoire de (1) Perse.

« Le (2) comte de Vermandois, dit l'au-
» teur de ces *Mémoires secrets*, fut élevé
» avec tout le soin possible ; il était beau,
» bien fait, plein d'esprit, mais fier, em-
» porté, et ne pouvant prendre sur lui de
» rendre au (3) Dauphin le respect qu'il

(1) De France.

(2) Sous le nom de Giafer. Il était fils de Louis XIV et de mademoiselle de La Vallière.

(3) Sous le nom de Sephi-Mirza.

» devait à un prince né pour être un jour
» son roi. Ces deux jeunes princes, à
» peu près du même âge, étaient de ca-
» ractère opposé. Le Dauphin aussi bien
» partagé que le comte de Vermandois du
» côté des agréments, l'emportait infini-
» ment par sa douceur, son affabilité et
» la bonté de son cœur ; c'étaient ces qua-
» lités qui le rendaient l'objet des mépris
» du comte de Vermandois ; il ne laissait
» échapper aucune occasion de dire qu'il
» plaisantait les Français d'être destinés
» à obéir un jour à un prince sans esprit
» et si peu digne de les commander.
» Louis XIV (1) à qui l'on rendait compte
» d'une pareille conduite, en sentait toute
» l'irrégularité ; mais l'autorité cédait à
» l'amour parternel, et ce monarque si

(1) Sous le nom de Cha-a bas.

» absolu n'avait pas la force d'en imposer
» à un fils qui abusait de sa tendresse.
» Enfin le comte de Vermandois s'oublia
» un jour au point de donner un soufflet
» au Dauphin. Louis XIV en est aussitôt
» informé ; il tremble pour le coupable,
» mais quelque envie qu'il ait de feindre
» d'ignorer cet attentat, ce qu'il se doit à
» lui-même et à sa couronne, et l'éclat
» que cette action avait fait à la cour, ne
» lui permettent pas d'écouter sa ten-
» dresse. Il assemble, non sans se faire
» violence, ses confidents les plus inti-
» mes ; il leur laisse voir toute sa dou-
» leur, et leur demande conseil. Attendu
» la grandeur du crime et conformément
» aux lois de l'État, tous opinèrent à la
» mort. Quel coup pour un père si tendre !
» Cependant un des ministres, plus sen-

» sible que les autres à l'affliction de
» Louis XIV, lui dit qu'il y avait un moyen
» de punir le comte de Vermandois sans
» lui ôter la vie; qu'il fallait l'envoyer
» à l'armée qui était pour lors sur les
» frontières de Flandres; que peu après
» son arrivée, on sèmerait le bruit qu'il
» était attaqué de la peste (1), afin d'ef-
» frayer et d'écarter de lui tous ceux qui
» auraient envie de le voir; qu'au bout de
» quelques jours de cette feinte maladie,
» on le ferait passer pour mort, et que
» tandis que aux yeux de toute l'armée,
» on lui ferait des obsèques dignes de sa
» naissance, on le transférerait de nuit,

(1) Jamais le bruit n'a couru que le comte de Vermandois fût attaqué dn la peste; c'est apparamment
pour désigner dans cette narration orientale, une fièvre
maligne.

» avec un grand secret, à la citadelle de
» l'île Sainte-Marguerite (1). Cet avis fut
» généralement approuvé, et surtout par
» un père affligé ; on cherchait des gens
» fidèles et discrets pour la conduite de
» cette affaire. Le comte de Vermandois
» part pour l'armée avec un équipage
» magnifique ; tout s'exécute ainsi qu'on
» l'avait projeté, et pendant qu'on pleure
» au camp la mort de cet infortuné prince,
» on le conduit par des chemins détour-
» nés à l'île Sainte-Marguerite, et on le
» remet entre les mains du commandant
» qui avait reçu d'avance ordre de
» Louis XIV de ne laisser voir son pri-
» sonnier à qui que ce fût. »

(1) Sous le nom de l'île d'Ormus.

Réponse. — Le narrateur de cette méprisable anecdote commence par dire que le Dauphin et le comte de Vermandois étaient à peu près du même âge; le Dauphin né le 1er de novembre 1661, était plus âgé de six ans que le comte de Vermandois, né le 2 octobre 1667.

Lors du prétendu soufflet, le comte de Vermandois avait seize ans; le Dauphin en avait vingt-deux, était marié et avait déjà un fils, le duc de Bourgogne; ainsi ce n'étaient pas deux enfants de douze ou de treize ans, qui, vivant et jouant ensemble, qui peuvent en venir à se fâcher, se quereller et même se frapper. Le comte de Vermandois, loin d'être fier et emporté, était doux, poli, caressant; sa figure rappelait toutes les grâces de sa mère. Vers la fin de l'année 1682, Louis XIV ayant su

qu'il s'était trouvé dans quelques parties
d'une infâme débauche, lui fit la répri-
mande la plus sévère et le bannit de la
cour ; il n'eut la permission d'y reparaître
que vers la fin d'octobre 1683 pour prendre
congé en partant, pour sa première campagne ; et comme il ne resta que quatre
jours à la cour il faudrait qu'il eût commis
l'attentat en question l'un de ces quatre
jours, or on va voir par le récit d'une personne qui devait être bien instruite, qu'il
était alors très matté, très mortifié et très
éloigné de se porter à de pareils excès
d'emportement : « M. de Vermandois, dit
» mademoiselle de Montpensier (1), partit
» pour aller au siége de Courtrai ; il y
» avait peu qu'il était revenu à la cour ; le

____

(1) *Mémoires de mademoiselle de Montpensier.* tome VII,
pages 90 et 92.

» roi n'avait pas été content de sa con-
» duite, et ne voulut point le voir ; il s'était
» trouvé dans des parties de débauche ; il
» était fort retiré, sans voir personne, il
» ne sortait que pour aller à l'Académie,
» et le matin à la messe ; ceux qui avaient
» été avec lui n'étaient pas agréables au
» roi ; cela donna beaucoup de chagrin à
» madame de La Vallière, il fut bien prê-
» ché ; il fit une confession générale et on
» croyait qu'il se fût fait un fort honnête
» homme... Il tomba malade au siége de
» Courtrai d'avoir bu trop d'eau-de-vie ;
» on dit qu'il avait donné de grandes
» marques de courage, et on ne parlait de
» son esprit et de sa conduite que comme
» l'on a accoutumé, selon que l'on aime
» les gens... Pour moi, je ne suis pas
» fâchée de sa mort; j'étais bien aise que

» M. du Maine n'eût aucune de ces affaires
» devant lui... M. de Lauzun ne me parle que
» de la perte que le roi et l'État avaient
» faite en M. de Vermandois, et le mettait
» au-dessus des plus grands hommes qui
» eussent jamais été. Je lui dis : modérez
» ces louanges pour qu'on les puisse croire ;
» un homme de cet âge ne peut avoir
» toutes les qualités que vous lui donnez...
» Il me semblait que c'était pour dépriser
» M. du Maine, de dire que personne n'é-
» galerait jamais M. de Vermandois.

  » On vient de perdre M. de Vermandois,
» dit la présidente d'Osembrai dans une
» lettre au comte de Bussi-Rabutin (1) ; il
» laisse de lui des regrets infinis ; il avait
» donné tant de marques d'un prince ex-
» traordinaire, que le regret de sa mort

(1) *Lettres de M. Bussi-Rabutin,* tome V, page 484.

» est une douleur publique. Vous ne sau-
» riez vous imaginer combien il était li-
» béral et toutes les manières qu'il trou-
» vait pour obliger. Il faisait des paris
» étant sûr de perdre, contre des gens
» qu'il savait bien qui n'auraient pas pris
» son argent. Il en envoyait porter sur une
» table chez des officiers qu'il savait en
» avoir besoin, sans qu'on sût de quelle
» part cela venait. Il a caché trois jours
» de fièvre, pour se trouver à une expé-
» dition de guerre. Après cela, vous n'avez
» pas de peine à croire que le roi a été
» très touché de sa mort. Madame la prin-
» cesse de Conti (sa sœur) en est inconso-
» lable. Madame de La Vallière est tout le
» jour au pied de son crucifix. On partage
» cette douleur à l'hôtel de Condé ; car le
» mariage de ce prince avec mademoi-

» selle de Bourbon, était presque assuré. »

Il y a toujours trop de personnes auprès du Dauphin, pour qu'une action aussi énorme et aussi inouïe que celle du comte de Vermandois, n'eût pas été dans l'instant publique : or il est naturel que mademoiselle de Montpensier et madame d'Osembrai n'en eurent point parlé, et que dans aucun des mémoires de ce temps-là il n'en soit pas dit un seul mot ? Est-il naturel que M. de Lauzun et madame d'Osembrai eussent prodigué les plus grands éloges à un prince qui, tout récemment, venait de donner des preuves de l'emportement le plus inconcevable, et qu'on aurait à peine excusé en disant qu'il était devenu fou ?

L'éclat que cet attentat avait fait à la cour, continue l'auteur des *Mémoires se-*

crets, et ce que Louis XIV se devait à lui-même et à sa couronne, ne lui permettaient pas d'écouter sa tendresse ; il assemble ses confidents les plus intimes, etc. ; le résultat de cette assemblée est de punir le coupable, mais de prendre toutes les mesures possibles pour cacher qu'il a été puni ; on lui fait un équipage des plus brillants ; on l'envoie à l'armée, on feint qu'il y est attaqué d'une fièvre maligne, qu'il en meurt, et tandis qu'on lui fait à Arras des obsèques magnifiques, on le transfère très secrètement au château de Sainte-Marguerite, c'est-à-dire que Louis XIV, ce monarque si jaloux de sa gloire et de sa réputation, oublie ce qu'il se doit à lui-même et à sa couronne, et s'embarrasse peu qu'on dise dans l'Europe qu'un de ses bâtards, ayant insulté d'une façon sanglante le présomptif héritier du trône, n'en a pas été puni, et qu'au contraire on l'a envoyé à l'armée avec un équipage magnifique. Comment peut-on écrire de pareilles absurdités?

Toutes les relations de ce temps-là portent que le comte de Vermandois se trouve mal le 12 novembre au soir (1); que le lendemain la fièvre maligne se déclara; et qu'il en mourut le 18. Louis XIV et tout son conseil n'avaient pas le pouvoir de lui envoyer cette fièvre maligne; il fallut donc persuader à ce prince si violent, si emporté, de faire le malade pendant six jours; je suppose qu'on en trouvât les moyens; mais dès qu'on répandit le bruit de cette fièvre maligne qu'on prétendait devoir effrayer et faire

(1) 1683.

fuir ses amis et tout son monde, gentilshommes, pages, valets de chambre, la-
quais, on ne put pas se dispenser de le
laisser voir au médecin et chirurgien, et
ces messieurs connaissent au moins si
l'on a ou si l'on n'a pas la fièvre; les
mit-on dans la confidence? voilà bien
des confidents. Et ce M. Goslas, ce pieux
ecclésiastique, que madame de La Vallière
avait donné à son fils pour le suivre à
l'armée et y soigner sa conscience, comment put-on l'écarter?

Suite des Mémoires secrets.

« Un seul domestique, qui était du se-
» cret, fut transféré avec le prince; mais
» étant mort en chemin, les chefs de l'es-
» corte lui défigurèrent le visage à coups

» de poignard, afin d'empêcher qu'il ne
» fût reconnu, le laissèrent étendu dans le
» chemin, après l'avoir fait dépouiller,
» pour plus grande précaution, et conti-
» nuèrent leur route. »

Voilà donc le seul domestique qu'on
avait mis dans le secret, qui meurt subitement et précisément au milieu du chemin,
pour que l'on puisse prendre la précaution de le balâfrer, ce qui aurait été difficile et dangereux, s'il était mort dans une
auberge ; pourquoi n'avoir pas fait aussi
attaquer de mort subite les médecins et
les chirurgiens qui avaient vu que le comte
de Vermandois n'était pas malade? Dans
le trajet de mer pour passer à l'île Sainte-
Marguerite, pourquoi n'avoir pas fait périr
toute l'escorte par une tempête qui se
serait élevée tout à coup ; le seul comte de

Vermandois aurait été jeté sur le rivage;
le gouverneur, en s'y promenant, l'aurait
reconnu, à son masque noir, pour le prisonnier qu'on lui avait annoncé, et par de
prompts secours l'aurait rappelé à la vie.

Suite des Mémoires secrets.

« Le gouverneur traitait son prisonnier
» avec le plus profond respect; il le ser-
» vait lui-même et prenait les plats à la
» porte de la chambre, des mains des cui-
» siniers, dont aucun n'a jamais vu le
» visage du comte de Vermandois. Ce
» prince s'avisa un jour de graver son nom
» sur le dos d'une assiette avec la pointe
» d'un couteau; un esclave, entre les
» mains de qui tomba cette assiette, crut
» faire sa cour en la portant au gouver-

» neur, mais ce malheureux fut trompé,
» et on s'en défit sur-le-champ, afin d'en-
» sevelir avec cet homme un secret d'une
» si grande importance. »

Es-tce dans le royaume de Maroc que
cette scène s'est passée ? Louis XIV était-
il un sultan ? les gouverneurs des places
étaient-ils des Bacchus ? avaient-ils des
muets qui, au moindre signe et sans autre
forme de procès, allaient exécuter leurs
ordres sanguinaires ? L'homme le plus
misérable a des parents : Saint-Mars ne
serait-il pas exposé à être poursuivi par
le parlement de Provence ? Comment
peut-on écrire et supposer que Louis XIV
était capable d'approuver que l'on versât
le sang d'un de ses sujets innocent et très
innocent ?

(1) *Suite des Mémoires secrets.*

« Le comte de Vermandois fut transféré
» à la Bastille, lorsque Louis XIV en donna
» le gouvernement au gouverneur de l'île
» Sainte-Marguerite, pour récompenser
» sa fidélité. On prenait la précaution, à
» l'île Sainte-Marguerite et à la Bastille,
» de faire mettre un masque à ce prince,
» lorsque pour cause de maladie, ou pour
» quelque autre sujet, on était obligé de
» l'exposer à la vue de quelqu'un. »

On a vu qu'il est constaté par le journal
de M. du Jonca, que le prisonnier masqué
mourut le 19 novembre 1703 ; M. de Voltaire et M. de la Grange-Chancel le font
mourir en 1704 ; du moins ne se sont-ils
trompés que d'une année ; l'auteur des
Mémoires secrets le ressuscite et le présente

vivant en 1723 ; le duc d'Orléans (1), dit-il, mourut peu de temps après avoir été le soir à la Bastille et la même année que Louis XIV (2) fut déclaré majeur; cette visite, ajouta-t-il, n'eut vraisemblablement point d'autre motif que de s'assurer de l'existence d'un prince cru mort depuis près de trente-huit ans (3), et dont les obsèques s'étaient faites à la vue de toute une armée. C'est-à-dire que le duc d'Orléans, régent du royaume depuis le commencement de septembre 1715, ne savait pas positivement, en 1723, si le comte de Vermandois était ou n'était pas à la Bastille, et que ce ne fut qu'au bout

(1) Sous le nom d'Ali-Houmajou.
(2) Sous le nom de Cha-Sephi.
(3) Il aurait dû dire, suivant son calcul, près de quarante ans.

de huit ans qu'il eut la curiosité de s'en éclaircir.

___

Le R. P. Griffet trouve que j'ai combattu par de bonnes et fortes raisons l'opinion de ceux qui ont cru que le prisonnier masqué était le duc de Beaufort; mais il ne pense pas que mes raisons, pour prouver que ce prisonnier n'était point aussi le comte de Vermandois, soient convaincantes et sans réplique.

Réplique du R. P. Griffet. — On prétend que ce prince n'était pas d'un caractère à commettre, contre le Dauphin, l'attentat dont on l'accuse, parce que la présidente d'Osembrai dit, dans une de ses lettres, qu'il laissa en mourant des

regrets infinis ; qu'il avait donné des marques d'un prince extraordinaire, et que sa
mort fut une douleur publique.

On pouvait encore ajouter que l'on voit
au milieu du chœur de l'église cathédrale
d'Arras, où l'on assure qu'il fût enterré ;
une épitaphe très longue, qui contient
l'éloge le plus complet et le plus étendu de
toutes ses belles qualités.

Mademoiselle de Montpensier n'en parle
pas si avantageusement dans ses Mémoires. Elle nous apprend que lorsqu'il
partit pour le siége de Courtrai, il y avait
peu de temps qu'il était revenu à la cour ;
que le Roi n'avait pas été content de sa
conduite, et ne voulait point le voir ; qu'il
s'était trouvé dans des parties de débauche ; que depuis ce temps-là, il était
fort retiré ; qu'il ne sortait que pour aller

à l'Académie, et le matin à la messe ; que ceux qui avaient été avec lui n'étaient pas agréables au roi ; que cela donna beaucoup de chagrin à madame de La Vallière ; qu'il fût bien prêché, et que l'on croyait qu'il se fût fait un fort honnête homme.

Voilà certainement des traits qui viennent d'une bonne main, et qui ne s'accordent pas avec les louanges que la présidente d'Osembrai lui donne dans sa lettre, ni avec celles qu'on lit dans son épitaphe.

Il tomba malade, ajoute Mademoiselle, au siége de Courtrai, d'avoir bu trop d'eau-de-vie, ce qui prouve que, malgré la confession générale qu'on lui fît faire, il n'était pas bien converti. On dit qu'il avait donné de grandes marques de courage ; qualité qui n'est nullement compatible avec ce caractère violent et emporté, que l'auteur des *Mémoires secrets* lui attribue, et que l'on ne parlait de son esprit et de sa conduite, que selon que l'on a accoutumé, selon qu'on aime les gens : ce qui paraît fort contraire à ce regret général et à cette douleur publique, dont la présidente d'Osembrai parle dans sa lettre ; d'autant plus que mademoiselle dit encore que M. de Lauzun ne lui parlant que de la perte que le roi et l'État avaient faite en M. de Vermandois, en le mettant au-dessus des plus grands hommes qui eussent jamais été, elle lui répondit : Modérez ces louanges pour que l'on vous puisse croire ; un homme de cet âge ne peut avoir toutes les qualités que vous lui donnez. Paroles qui font voir que ce mérite extraordinaire, que l'on attribue au comte de Vermandois dans son épitaphe, était au moins problématique.

Les sentiments étaient donc partagés sur ce jeune prince : 1° les uns l'élevaient jusqu'aux nues, les autres ne croyaient pas qu'il méritât, à beaucoup près, toutes les louanges qu'on lui donnait : ce qui paraît certain, c'est qu'il avait été dans la disgrâce du roi, qui ne voulait point le voir à cause de ses débauches ; 2° que pour rentrer dans les bonnes grâces de son père, il fit une confession générale, ainsi que mademoiselle l'assure dans ses *Mémoires*; 3° qu'il parût avoir changé de conduite et de sentiments, quoiqu'il ne fut nullement détaché de ses débauches, puisque l'on crut, peu de temps après, qu'il était tombé malade d'avoir bu trop d'eau-de-vie ; 4° qu'il eût la permission de revenir

à la cour, sur ce que l'on croyait qu'il se
fût fait fort honnête homme; et qu'il en
partit pour se rendre à l'armée, qui fit le
siége de Courtrai.

On a observé qu'il n'eut permission de
reparaître à la cour que sur la fin d'octobre 1683, pour y prendre congé avant
que de partir pour sa première campagne,
et qu'il n'était resté que quatre jours;
c'est plus qu'il n'en faut pour y faire de
grandes fautes. Il avait certainement des
entrées plus libres et plus familières
chez monseigneur le Dauphin, que les
autres courtisans. Oserait-on nier qu'il
ne soit possible qu'il lui ait manqué de
respect jusqu'à un excès que l'on ne pouvait se dispenser de punir ? Ses débauches
avérées, qui l'avaient fait tomber dans la
disgrâce du roi, l'habitude où il était de

boire de l'eau-de-vie jusqu'à se rendre malade, n'annoncent certainement pas un caractère incapable de se porter à une violence excessive dans un transport de colère. On n'a nulle peine à concevoir qu'il pouvait être plus aigri que corrigé, par la disgrâce qu'il venait d'éprouver, et par la gêne où il avait été retenu sans voir personne, et sans sortir que pour aller à l'Académie, et le matin à la messe.

Réponse aux répliques du R. P. Griffet.

Le R. P. Griffet dit, page 330 de son *Traité*, que comme on ne doit pas juger d'un homme sur le témoignage de son ennemi, il faut, avant que d'en adopter le portrait fait par un auteur contemporain,

examiner si cet auteur n'avait quelqu'intérêt à le louer ou à le blâmer. Cette rè-
gle est très judicieuse ; comment le R. P.
Griffet a-t-il pu s'en écarter et ne pas faire
attention à ce qu'il avait sous les yeux?
Après avoir cité ce que mademoiselle de
Montpensier raconte de M. de Vermandois, « voilà certainement, dit-il, des traits
qui viennent d'une bonne main. » Il aurait
dû dire, au contraire, et avertir le lecteur
que le témoignage de cette princesse devait être très suspect, puisqu'elle dit tout
de suite : « Pour moi, je ne suis pas fâchée de la mort de M. de Vermandois ;
j'étais bien aise que (1) M. du Maine n'eût

(1) On voit dans les *Mémoires de madame de Maintenon*, tome 1 page 113, toute l'adresse avec laquelle
on amena mademoiselle de Montpensier à adopter M. le
duc du Maine. » Madame de Montespan gagnait-elle un
» bijou à une loterie, le duc du Maine le portait aussitôt

aucune de ces affaires devant lui ; » c'est-
à-dire qu'il n'eût plus un frère qui parta-
geât la tendresse de Louis XIV. On voit
encore très clairement que les louanges
que l'on donnait à M. de Vermandois, lui
déplaisait : « Il me semble, ajoute-t-elle,
que c'était pour dépriser M. du Maine, de
dire que personne n'égalerait jamais M. de
Vermandois. » On ne peut pas douter d'a-
près cela qu'elle ne fût très disposée à
déprimer et à entendre déprimer ce jeune
prince, qui était certainement jalousé de
la plupart des personnes attachées à
M. du Maine et à mademoiselle de Montespan, et la circonstance qu'il était tombé

» à cette princesse qui donnait dans les pièges tendus à
» sa reconnaissance et à sa crédulité, se passionnant
» pour un enfant qui, tous les matins, lui écrivait les plus
» jolis billets ; elle répondait par des sentiments de mère,
» à des sentiments suggérés.

malade pour avoir bu trop d'eau-de-vie,
devient très douteuse, lorsque mademoiselle de Montpensier est la seule qui la rapporte ; on aperçoit dans ses *Mémoires* que
son imagination se laissait assez souvent
guider par sa prévention pour ou contre
les personnes dont elles parlait ; je n'en
citerai que ces preuves-ci : « un homme,
dit-elle (page 250, dernière partie), amou-
reux d'une demoiselle qui était à l'Ab-
baye-au-Bois, crut avoir un rival ; il vit
sortir du même lieu un homme en chaise ;
il fit arrêter les porteurs, et commença
par lui dire qu'il lui donnerait mille
coups ; M. de Lauzun sortit de sa chaise,
parla à cette homme, lui fit de grandes
excuses, et lui dit, je crois, pour qui il
avait dessein ; on se moqua fort de lui et
il l'a bien désavoué. » Quel trait à trans-

mettre à la postérité ! Comment a-t-elle pu le croire, l'écrire, et vouloir jeter cet opprobre sur un gentilhomme d'un courage éprouvé à la guerre et en trois combats singuliers ; qu'elle avait voulu élever et qu'elle avait peut-être élevé jusqu'à elle ! Qu'on juge à présent si on doit rester indécis entre son témoignage et celui de la présidente d'Osembrai et de M. de Lauzun ; madame d'Osembrai ne pouvait avoir aucune raison d'aimer ou de haïr M. de Vermandois ; elle écrivait ce qu'on en disait généralement à la cour et à la ville, les éloges qu'on en faisait et les sensibles regrets que sa mort avait causés ; M. de Lauzun était au siége de Courtrai ; et avait été témoin oculaire de la conduite et des mœurs de ce jeune prince.

Si j'ai dit que M. de Vermandois était

débauché, je me suis trompé, ne me rappelant pas précisément ce que j'avais lu dans quelques ouvrages de ce temps-là; il y est dit unanimement que le prince de Conti (ce même prince de Conti qui, deux ans après, se couvrit de tant de gloire en Hongrie) se laissa entraîner dans deux parties de débauches, et que sur le pari d'un cheval avec le chevalier de Tilladet, et par une suite de plaisanterie et de folie de jeunesse plutôt que de libertinage, il s'était engagé à amener avec lui le comte de Vermandois, son beau-frère, et qui n'avait que quinze ans; que Louis XIV en fut aussi informé; qu'il exila le prince (1)

(1) A son retour de Hongrie, en 1685, s'étant enfermé avec sa femme qui avait la petite vérole, il gagna cette maladie et en mourut le 9 novembre, ne laissant point d'enfants. Cette princesse de Conti, fille de

de Conti à Chantilli, et défendit au comte de Vermandois de se présenter devant lui et à la cour. Personne n'a dit, et il n'y a pas la moindre preuve que le comte de Vermandois se soit trouvé depuis dans quelque partie de débauche, et l'on a vu que mademoiselle de Montpensier même, convient qu'il était fort retiré et qu'on croyait qu'il se serait fait un très honnête homme. Pourquoi le R. P. Griffet veut-il croire qu'il n'était nullement détaché de ses débauches ? parce que, dit-il, mademoiselle de Montpensier rapporte qu'il tomba malade au siége de Courtrai pour avoir bu trop (1) d'eau-de-vie. Il pouvait avoir fait

Louis XIV, et de madame de La Vallière, n'est morte qu'en 1739.

(2) Expression dénigrante dont les femmes ne man-quent jamais de se servir contre ceux qui boivent des liqueurs.

un soupé où l'on avait bu des liqueurs dont il s'était trouvé d'autant plus incommodé qu'il n'y était pas accoutumé et qu'il n'avait que seize ans. Pourquoi le R. P. Griffet prétend-il qu'il était dans l'habitude d'en boire, lorsque mademoiselle de Montpensier ni qui que ce soit ne l'en a accusé ? On peut boire quelquefois des liqueurs, sans être adonné à ce vice, de même que l'on peut s'être trouvé dans quelques parties de débauche, sans être un débauché.

L'auteur des *Mémoires secrets* dit expressément que l'éclat qu'avait fait à la cour l'action du comte de Vermandois, ne permit pas à Louis XIV d'écouter sa tendresse. Cela ne signifie-t-il pas que le cri de cette action énorme avait retenti, s'était répandu ; qu'on l'avait contée, racontée, et n'ai-je pas eu raison d'en conclure qu'il n'eût pas été possible que mademoiselle de Montpensier et M. de Lauzun n'en eussent eu connaissance? Le R. P. Griffet prétend que l'auteur des *Mémoires secrets* a voulu seulement dire que cette action avait fait assez d'éclat pour qu'on se crût obligé de la punir, et qu'il suffisait qu'elle eût été connue d'un certain nombre de personnes, sans être tout à fait publique. Cette interprétation est-elle bien exacte, et quand même cette action n'aurait pas été tout à fait publique, est-il concevable que mademoiselle de Montpensier et M. de Lauzun n'en eussent point entendu parler, et que mademoiselle de Montpensier ne l'eût pas rappelée à M. de Lauzun, lorsqu'il faisait de si grands éloges de M. de Vermandois? D'ailleurs, puisque l'action avait fait assez d'éclat pour qu'on se crût obligé de la punir, n'était-il pas indispensable de la punir avec éclat; au lieu que, suivant l'auteur des *Mémoires secrets*, on prit toutes les précautions possibles pour que la punition en fût ignorée?

Suite des répliques du R. P. Griffet. — On ne craindra point de dire que les précautions étonnantes que l'on prit pour cacher le nom de ce prisonnier, pendant sa vie et après sa mort, s'expliquent bien plus naturellement dans l'opinion de l'auteur des *Mémoires secrets*, que dans tous les autres. Car si l'on suppose que ce prisonnier était le comte de Vermandois, qui ne voit que c'eût été donner un très grand éclat à un affront fait au dauphin, que l'on voulait ensevelir dans l'oubli, que d'en rendre la punition publique? qui ne voit que c'eût été plonger dans un abîme d'affliction la mère et la sœur de ce jeune prince, dont l'une à la vérité ne paraissait plus à la cour, mais dont l'autre y était toujours particulièrement chérie du roi, qui retrouvait en elle les grâces de sa mère? Quelle nouvelle à leur annoncer, que la détention éternelle d'un fils et d'un frère enfermé pour le reste de ses jours! et quelles précautions ne fallait-il pas prendre pour que ce terrible châtiment ne parvînt jamais à leur connaissance! On ne prétend pas assurer ici comme un fait certain, l'espèce de crime que l'on voulait punir dans la personne de ce prisonnier.

Mais quand même celui qu'on lui impute dans les *Mémoires secrets* serait démontré faux, il ne s'ensuivrait pas de là, qu'en se trompant sur la nature du crime, on se trompât également sur la personne. Combien d'autres fautes un jeune homme vif et emporté ne pouvait-il pas commettre, qui eussent mérité et même exigé la plus sévère punition?

Les raisons que l'on avait de cacher son nom pendant sa vie, subsistaient encore après sa mort. Pouvait-on annoncer une fin si triste et si déplorable à la mère et à la sœur de ce jeune prince, qui lui ont survécu, sans les accabler d'une douleur extrême, qu'il était naturel, après un si long oubli, que l'on voulût leur épargner?

Réponses aux répliques du R. P. Griffet. — Est-il vraisemblable que Louis XIV et son conseil eussent pris une résolution aussi étrange, aussi bizarre, aussi difficile dans l'exécution, que celle d'obliger le comte de feindre une maladie ; de le faire enlever au milieu de tous ses domestiques, sans qu'aucun pût s'en apercevoir, et de l'envoyer masqué, sous une escorte bien discrète à l'autre bout du royaume, tandis que, par une momerie peu décente, on lui ferait de magnifiques obsèques, avec messes, *de profundis* pour le repos de son âme, et une épitaphe où on lui prodiguerait les plus grands éloges, malgré l'éclat qu'aurait fait son attentat, et la juste indignation que ces éloges exciteraient dans le cœur de tous ceux qui auraient su à quel point il s'était rendu coupable ? N'aurait-il pas été tout simple de faire courir le bruit que ses débauches, puisqu'on

veut qu'il fût un débauché, lui avaient
affaibli, dérangé la tête ; qu'il avait, depuis quelque temps, des vertiges, des accès
de folie, et même de fureur ; qu'il venait
d'en donner tout récemment des marques
chez M. le dauphin ; qu'en conséquence,
on allait l'enfermer dans une citadelle ;
madame de La Vallière et madame la
princesse de Conti auraient-elles pu se
récrier contre cette punition, lorsque
d'ailleurs, en le faisant soigneusement
garder, on lui aurait laissé la permission
de se promener et de recevoir quelquefois
des visites ? ce châtiment n'aurait-il pas
été plus naturel, plus assorti à la tendresse
d'un père, que de condamner un fils, et
un fils qui n'avait que seize ans, à être
enseveli dans l'obscurité d'une prison et
à né voir que le chef de ses gardiens ?

Mais, dit le R. P. Griffet, n'eût-ce pas été donner un très grand éclat à un affront fait à M. le Dauphin, que l'on voulait ensevelir dans l'oubli, que d'en rendre la punition publique? Le roi et M. le dauphin peuvent-ils recevoir un affront d'un de leurs sujets? Une violence ne devient un affront qu'autant qu'on est en état et en position d'en tirer vengeance par la voie des armes; M. le dauphin pouvait-il appeler en duel le comte de Vermandois? D'ailleurs, les préjugés du point d'honneur, même entre simples gentilhommes, exigent-ils que deux frères, quoiqu'ils se soient violemment outragés, aillent se battre et s'égorger?

Ni mademoiselle de Montpensier, ni aucun autre, n'a dit que le comte de Vermandois était fier et emporté; l'auteur des

Mémoires secrets est le seul qui lui attribue un pareil caractère, et l'on est très fondé à croire qu'il n'a imaginé de le lui attribuer, que pour donner quelque vraisemblance à l'inconcevable anecdote qu'il voulait rapporter. S'il eût été fier et emporté ; s'il n'eût laissé échapper aucune occasion de parler avec mépris du dauphin et de plaindre les Français d'être destinés à obéir un jour à un prince sans esprit et si peu digne de les commander, ces discours répétés en toute occasion, ne seraient-ils pas revenus à mademoiselle de Montpensier ? Est-il naturel d'imaginer qu'elle les eût ignorés, et n'aurait-elle donc pas dit à M. de Lauzun qu'il était bien étonnant qu'il donnât les plus grands éloges à un jeune homme d'un caractère violent, emporté, d'un insolence qui allait jusqu'à la folie, et qui venait enfin de se procurer la mort par la honteuse habitude où il était de boire de l'eau-de-vie? Se serait-elle contentée de répondre : Modérez ces louanges pour qu'on les puisse croire ; un jeune homme de cet âge-là ne peut avoir toutes les qualités ?

Suite des répliques du R. P. Griffet.—M. de Palteau dit dans sa lettre, que l'Homme au masque était connu dans l'île Sainte-Marguerite et à la Bastille, sous le nom de La Tour. On ne lit rien de pareil dans le journal de M. du Jonca, et si on lui eût donné ce nom, qui est si commun qu'il ne paraît désigner aucun homme de marque, il y a lieu de croire que l'on n'eût fait aucune difficulté de le mettre sur le registre mortuaire de la paroisse Saint-Paul où il fut enterré, ou quelqu'autre nom semblable. Mais, non, l'on lui donne sur ce registre, le nom de Marchiali ; mot évidemment fabriqué exprès, et qui par là même, fait juger que ce n'est pas un nom véritable. Par quel hasard est-il arrivé qu'en transportant les lettres qui forment ce nom bizarre, pour en faire une anagramme, on y trouve, lettre pour lettre, ces deux mots, l'un latin, et l'autre français : *hic*, amiral, c'est l'amiral? On est bien éloigné de donner cette anagramme comme une preuve. Il n'est nullement vraisemblable que ceux qui avaient inventé ce nom, eussent voulu trahir par là le secret qui leur était confié, dans le temps même qu'ils prenaient tant de précautions pour le garder ; mais on ne peut

nier que cette rencontre, quand même
elle serait fortuite, n'ait quelque chose
de fort singulier : elle pourrait convenir
au duc de Beaufort, comme au comte de
Vermandois, si l'on n'avait de fortes raisons de l'appliquer à celui-ci plutôt qu'à
l'autre.

A l'égard de l'âge de quarante-cinq ans,
attribué à ce prisonnier sur le registre
mortuaire de la paroisse de Saint-Paul, il
ne conviendrait ni au duc de Beaufort,
qui eût été beaucoup plus âgé ; ni au
comte de Vermandois, qui n'aurait eu que
trente-six ans ; ni au duc de Montmoufh
qui en aurait eu cinquante-quatre. Mais on
n'est pas sûr que ceux qui dressèrent cet
acte, et qui le signèrent, eussent pris la
peine de supputer bien exactement les
années que ce prisonnier avait vécu ; et

s'ils l'avaient fait, peut-être n'auraient-
ils pas voulu en laisser une marque à la
postérité.

Réponse. — Il serait très facile de faire
des anagrammes bien plus singulières
que celle que rapporte le R. P. Griffet, si
l'on pouvait s'aider de deux langues ;
malgré ce secours irrégulier, elle n'est pas
encore exacte, puisqu'il est très certain
que sur le registre de sépulture, Marchialy
est écrit ainsi par un *y* grec, et que ce *hyc*,
si bien imaginé, n'est donc plus ni français, ni latin, ni, je crois, d'aucune langue. D'ailleurs, si l'on avait voulu désigner qui était le mort, aurait-on pensé à
sa charge, dont il n'avait jamais fait les
fonctions, et qu'un autre (le comte de

Toulouse) possédait depuis vingt ans?
Avait-il été d'usage de l'appeler M. l'amiral, et ne voit-on pas le contraire dans les *Mémoires de mademoiselle de Montpensier*, dans la lettre de madame d'Osembrai et dans tous les livres où il est parlé de lui? N'eût-il pas été très aisé de faire une anagramme de Vermandois? Mais ce qui doit paraître très extraordinaire, et ce que le R. P. Griffet a oublié de remarquer, c'est qu'on ait enterré un homme dans un cimetière chrétien, et qu'on ait mis son nom sur le registre de sépulture d'une paroisse, sans y joindre son nom de baptême, le principal signe de notre religion, et qu'on n'est ni juif, ni mahométan.

Suites des répliques du R. P. Griffet. —
Il ne faut pas s'imaginer que l'auteur des

Mémoires secrets, soit le premier qui ait imputé au comte de Vermandois l'attentat dont il s'agit ; on en avait parlé avant que ces *Mémoires* aient paru, sur une de ces traditions qui ont à la vérité besoin d'être prouvées, mais qui ne sont pas toujours fausses. Le souvenir de celle-ci s'était toujours conservé, quoiqu'on n'en fît pas beaucoup de bruit du temps du feu roi, par la crainte de lui déplaire ; c'est de quoi beaucoup de gens qui ont vécu sous son règne, pourraient rendre témoignage.

Réponse. — Tacite dit qu'il semble qu'on a de la peine à se persuader que les princes et les hommes extraordinaires, quand ils meurent jeunes, soient morts d'une mort naturelle. M. de Vermandois était le fils chéri d'un grand monarque, et d'une personne qui avait achevé de se rendre célèbre et intéressante en se faisant religieuse! il était beau, bien fait, et donnait les plus grandes espérances, disent tous les historiens; il fut également regretté du soldat et de l'officier : on s'entrenait de sa figure, de sa jeunesse, de son courage; peut-être que les personnes de la cour de M. le dauphin, ne parurent pas fâchées de sa mort: tant de faux bruits qui courent tous les jours, prouvent que souvent il n'en faut pas tant pour faire imaginer à quelqu'un une nouvelle où il n'y a pas la moindre circonstance qui soit vraie. Pourquoi n'est-il pas dit un seul mot de l'anecdote en question dans tant de livres qui ont paru depuis la mort de

Louis XIV ? Est-ce qu'aucun des auteurs de ces livres n'en avait entendu parler, ou n'est-ce point que tous l'ont regardée comme très fausse, très inconcevable et très mal imaginée à tous égards ? Comment se peut-il que le R. P. Griffet, avec tant de discernement, de sagacité et d'usage du monde et de l'histoire, n'en porte pas le même jugement ?

Dix-sept ou dix-huit mois avant la mort du prisonnier masqué, Constantin de Renneville fut mis dans la même prison ; il y resta plusieurs années ; dès qu'il en fut sorti, il repassa en Angleterre et en Hollande, et y fit imprimer son *Histoire de la Bastille*, où il a entassé le vrai et le faux avec l'impudence la plus outrée, et dans le style le plus grossier. Il raconte qu'un

jour étant entré dans une salle (1), on fit
promptement tourner le dos à un homme
qui y était, pour qu'il ne pût pas lui voir
le visage ; que Reilhe, le chirurgien-major, et Ru, le porte-clés, lui avaient dit,
quelque temps après, que ce prisonnier
était d'une naissance distinguée ; qu'à la
sollicitation des Jésuites chez qui il étu-
diait, Louis XIV l'avait condamné à une
prison perpétuelle, il y avait trente-un
ans, pour avoir fait des vers contre eux ;
qu'il avait été détenu, pendant plusieurs
années, à l'Ile Sainte-Marguerite, d'où
M. de Saint-Mars l'avait amené à la Bastille avec des précautions extraordinaires
pour que personne ne le vît dans la route.

« Cet homme, ajoute-t-il, dont je n'ai pu
savoir le nom, était de moyenne taille

(1) *Préface*, tome I, page 49.

bien traversée (1), portant cheveux d'un
crêpé noir fort épais, et dont aucun n'é-
tait encore mêlé. Étant devenu, pendant
sa prison, l'héritier de toute sa famille
qui possédait de grands biens, il obtint
des jésuites, deux ou trois mois après que
je l'eus vu, sa grâce et son élargissement,
moyennant de l'argent. » Il serait ridicule
de s'arrêter à réfuter un conte aussi méprisable, que celui de dire que les jésuites
ne se seraient pas contentés de faire bien
fouetter leur écolier, et qu'ils auraient
été demander à Louis XIV que ce fils de
gens de qualité et très riche, fût condamné à une prison perpétuelle, pour
avoir fait des vers contre eux, et ç'aurait
donc été ce poète que M. de Saint-Mars

(1) C'est d'un cheval fort du dessous et large de poi-
trail, qu'on dit qu'il est bien traversé.

traitait avec tant de respect ; mais la fausse confidence que le chirurgien-major et le porte-clés firent à Renneville, mérite quelque réflexion ; il dit positivement que ce fut, en 1705, qu'ayant vu par hasard cet homme, à qui l'on fit promptement tourner le dos, ils lui en contèrent l'histoire ; or, ils savaient que le prisonnier masqué était mort en 1703 ; que doit-on présumer de leur fausse confidence ! que même après sa mort, on continuait toujours à tâcher de détourner les soupçons qu'on avait eus, ou qu'on pourrait avoir. Peut-être aussi, qu'excepté M. de Saint-Mars, aucun officier à l'île Sainte-Marguerite et à la Bastille, n'avait su véritablement qui il était, et que ce gouverneur avait affecté de jeter les fausses lueurs sur ce mystérieux événement.

Ceux qui voudront toujours croire que c'était le comte de Vermandois, pourront ajouter une remarque assez singulière aux autres circonstances de son anecdote : c'est qu'il serait mort à la Bastille le 19 novembre 1703, précisément le même mois et le même jour, vingt ans après qu'on l'avait cru mort en Flandres, la nuit du 18 au 19 novembre 1683, selon plusieurs relations.

Je vais à présent rappeler mon opinion, telle que je la publiai il y a deux ans ; ensuite on verra mes réponses aux objections du R. P. Griffet, avec les nouvelles recherches que j'ai faites et les nouveaux éclaircissements que je crois avoir eus ; et j'espère qu'on trouvera qu'il n'est point aussi révoltant qu'il le dit, de supposer qu'un prince qu'on a cru publiquement décapité à Londres, ne l'ait point été.

Le prisonnier masqué était le duc de Montmouth, fils de Charles II, roi d'Angleterre, et de Lucie Valters. L'extrême affection que le peuple avait pour lui, et l'idée que la nation anglaise, quoiqu'elle semblât s'être soumise à Jacques II, n'attendait qu'un chef pour chasser du trône un roi papiste, lui firent former une entreprise qui aurait pu lui réussir si elle n'avait pas été si prématurée. Il débarqua à Lime, dans le comté de Dorset, n'ayant guère que cent vingt hommes à sa suite ; il se trouva bientôt à la tête de près de six mille ; quelques villes se déclarèrent pour lui ; il s'y fit proclamer roi, soute-

nant que sa naissance était légitime, et
qu'il avait le contrat et les preuves du
mariage de Charles II avec sa mère (1). Il
attaqua près de Bridgevater, l'armée
royale commandée par milord Feversham ;
après trois heures de combat, la victoire
commençait à se déclarer pour lui, lorsque
la poudre et les balles manquèrent à ses
troupes ; la lâcheté du lord Grai, qui commandait sa cavalerie, acheva de les décou-
rager ; elles prirent la fuite ; le malheureux Montmouth ne put échapper à ceux
qui le poursuivaient ; il fut conduit à
Londres et condamné à être décapité le
15 juillet 1685. Tous les historiens rap-
portent qu'il était très brave, très affable,
d'un caractère doux et d'une figure très

(1) Le duc de Montmouth était né onze ans avant le ré-
tablissement de Charles Ier sur le trône.

noble et très belle. Telle fut, dit M. Hume,
à l'âge de trente-six ans, la fin d'un seigneur que ses belles qualités auraient pu
rendre l'ornement de la cour et capable
de bien servir la patrie. La tendresse que
le roi son père avait eue pour lui, les ca-
resses d'une nombreuse faction et les
amorces de l'affection populaire l'avaient
engagé dans une entreprise supérieure à
ses forces. L'amour du peuple le suivit
dans toutes les variétés de sa fortune.
Après son exécution même, ses partisans
conservèrent l'espérance de le revoir à
leur tête ; ils se flattèrent que le prisonnier
qu'on avait exécuté, n'était pas le duc de
Montmouth, mais quelque autre qui lui
ressemblait beaucoup, avait eu le courage
de mourir à sa place et de lui donner cette
preuve de son extrême attachement.

Il est certain que le bruit courut dans Londres qu'un officier de son armée qui lui ressemblait beaucoup, fait prisonnier, et sûr d'être condamné à mort, avait reçu la proposition de passer pour lui avec autant de joie que si on lui eût accordé la vie, et que sur ce bruit, une grande dame, ayant gagné ceux qui pouvaient ouvrir son cercueil, et lui ayant regardé le bras droit, s'était écriée : Ah ! ce n'est pas lui.

Quelques jours après que le roi Jacques eut abandonné ses royaumes, dit l'auteur d'un livre qui a pour titre : *Amours de Charles II et de Jacques II, rois d'Angleterre* (1); le comte Danby envoya chercher le colonel Skelton, qui avait eu ci-devant la lieutenance de la tour, et à qui le prince d'Orange l'avait ôtée pour la donner au

(1) Pages 74 et 75, première partie.

lord Lucas : Monsieur Skelton, lui dit le comte Danby, hier en soupant avec Robert Johnston, vous lui dites que le duc de Montmouth était vivant, et qu'il était enfermé dans quelque château en Angleterre. — Je n'ai point dit qu'il était vivant et enfermé dans quelque château, puisque je n'en sais rien, répondit Skelton; mais j'ai dit que la nuit d'après la prétendue exécution du duc de Montmouth, le roi accompagné de trois hommes, vint lui-même le tirer de la tour; qu'on lui couvrit la tête d'une espèce de capuchon, et que le roi et les trois hommes entrèrent avec lui dans un carrosse.

Je sais le peu de cas qu'on doit faire de ce qui est rapporté dans des livres pareils à celui que je viens de citer, et dont les auteurs ne cherchent qu'à amuser leurs lecteurs et mêler des fictions agréables à quelques vérités; mais cette anecdote, vraie ou fausse, m'a rappelé ce que d'autres et moi avons entendu raconter plus d'une fois au P. Tournemine. Étant allé faire visite à la duchesse de Portsmouth, avec le confessur du roi Jacques, le P. Sanders, elle leur dit, dans une suite de conversation, qu'elle reprocherait toujours à la mémoire de ce prince, l'exécution du duc de Montmouth, après que Charles II, à l'heure de la mort, et prêt à communier lui avait fait promettre devant l'hostie, que Huldeston, prêtre catholique, avait secrètement apporté que quelque révolte que tenta le duc de Montmouth, il ne le ferait jamais punir de mort; aussi ne l'a-t-il pas fait, répondit avec vivacité le P. Sanders.

Nélaton, chirurgien anglais, allait tous les matins au café de Procope; il y a raconté plusieurs fois qu'étant premier garçon chez un chirurgien près de la Porte Saint-Antoine, on vint un jour le chercher pour une saignée, et qu'on le mena à la Bastille; que le gouverneur l'introduisit dans la chambre d'un prisonnier qui avait la tête couverte d'une longue serviette nouée derrière le cou; que ce prisonnier se plaignait de grands maux de tête, que sa robe de chambre était jaune et noire à grandes fleurs d'or, et qu'à son accent, il avait très bien remarqué qu'il était Anglais.

Le bruit courut en Provence qu'il y avait à la citadelle de l'île Sainte-Marguerite, un prince turc, nommé Macmouth, qu'on y gardait avec beaucoup de précautions, ne serait-il pas assez vraisemblable qu'un matelot provençal, plus familiarisé avec les noms de Mustapha, de Sélim, de Mac-mouth, qu'avec les noms anglais, ait cru lire Macmouth sur l'assiette d'argent jetée par la fenêtre, et où d'ailleurs le nom de Montmouth, écrit avec la pointe d'un couteau, pouvait n'être pas trop lisible.

Outre que le duc de Montmouth était d'une figure distinguée (1), il eût été très difficile de le tenir bien caché en Angleterre ; d'ailleurs il n'était pas possible que Jacques II ne réfléchît quelquefois qu'un

(1) On prétend qu'il avait été passionnément aimé de plusieurs femmes, entre autres de la princesse d'Orange, pendant le séjour qu'il fit en Hollande. On lit dans les *Mémoires de M****, pour servir à l'*Histoire du dix-septième siècle*, tome III, page 255, que la nouvelle de sa mort inspira à cette princesse la haine la plus violente contre son père qu'elle parvint dans la suite à détrôner.

roi catholique romain ne pourrait jamais
être fort agréable aux Anglais ; que dans
ce royaume, les factions se forment, et
que les troubles s'y élèvent très aisément,
que le gouverneur d'une forteresse ou
d'une ville s'y croit moins placé par le roi
que par la nation, et que s'il imagine
qu'il est de l'intérêt de la patrie de délivrer
un prisonnier, il ne tardera pas à le mettre
en liberté. Lié par un serment solennel,
par la reconnaissance et le respect qu'il
devait à la mémoire d'un frère (1), qu'il
l'avait toujours beaucoup aimé, Jacques II,
en accordant la vie au duc de Monmouth,
pensa donc qu'il serait hors de toute inquiétude à son égard, en le faisant passer
en France, et que Louis XIV, quand même
leurs intérêts communs changeraient,

(1) Charles II.

était incapable de jamais trahir sa confiance.

Enfin, qu'on cherche, qu'on lise, qu'on
réfléchisse sur tous les événements de ces
temps-là, trouvera-t-on, je ne dis pas seulement en France, mais même dans toute
l'Europe, quelque prince à l'égard de qui
l'on puisse imaginer qu'il ait été de la
plus grande importance qu'on ignorât
sa détention et qu'on prît toutes les précautions qu'on prenait pour cacher qui
était le prisonnier au masque? Je n'en
vois aucun, excepté le duc de Monmouth.

FIN

TABLE

Des chapitres du septième volume.

Pages

Chap.   VI. Le tribunal du roi.   1

—   VII. La clémence du roi   97

—   VIII. La recherche.   155

Recueil de tont ce qui a été écrit
sur le prisonnier masqué. . . .   221

Fin de la table du septième et dernier volume.

Fontainebleau, imprimerie de E. Jacquin.

La Marquise de Belverano

Par Léon Gozlan. — 2 vol. (complet).

LES ÉTUVISTES

Par Paul de Kock. — 8 vol. (complet).

Il faut que Jeunesse se passe

Par Alexandre de Lavergne. — 3 vol. (complet).

UN BEAU COUSIN

Par Maximilien Perrin. — 2 vol. (complet).

CONSCIENCE

Par Alexandre Dumas. — 5 vol. (complet).

LES PARVENUS

Par Paul Féval. — 3 vol. (complet).

FAUSTINE ET SYDONIE

Par madame Charles Reybaud. — 3 vol. (complet).

LES ÉTAPES D'UN VOLONTAIRE

Par Paul Duplessis. — 12 vol. (complet).

LES MAITRES SONNEURS

Par George Sand. — 4 vol. (complet).

Fontainebleau. — Imp. de E. Jacquin.

Général A. DUBOIS

Du Cadre de Réserve

Ancien Commandant du 9e Corps et de la 6e Armée

Deux Ans de Commandement

sur le Front de France

1914-1916

TOME II

Le 9e Corps d'Armée

La bataille d'Ypres

Dans les tranchées des Flandres

La 6e Armée

L'organisation défensive en avant de Paris

Combat du Bois St-Mard

Combat de Quennevières

Combat de Frise

Attaque allemande par les gaz asphyxiants sur Rouvroy-en-Santerre

Photo Antony, Ypres.

Ruines d'YPRES. — Incendie Halles et rue de Lille (22 novembre 1914).

PARIS

Henri CHARLES-LAVAUZELLE

Editeur militaire

124, Boulevard Saint-Germain, 124

(MÊME MAISON A LIMOGES)

1921